KB076657

게임 코딩

그것이
알고 싶다 1편

하정현 지음

(인디게임 개발자 hhyunma@gamil.com)

전국 교육용 소프트웨어 공모전 대상 (2005년)
반딧불이 초등 학력관리시스템 개발 (2009년 ~2010년)
부산시 초등학교 교육과정 시스템 개발 (2008년 ~ 2019년)
부산시 성취기준 평가관리시스템 개발 (2013년 ~ 2014년)
모두의 체험학습 사이트 개발 (2019년 ~ 2020년)
모두의 뽑기대장 사이트 개발 (2020년)
대안학교 교무학사관리시스템 개발 (2021년)
학급 교육과정 시스템 모두의 교육과정 개발 (2021년)
영재 학급 강사 및 소프트웨어 교육 강사 역임
다수의 안드로이드 앱 개발 (개발자 AJ TED 검색)
'룰렛 팡','스마트 휘슬','분노의 똥침','대진표 Manager','ASMR 퀴즈' 등 다수

게임코딩 그것이 알고 싶다 1편

발　행 | 2022년 02월 08일
저　자 | 하정현
펴낸이 | 한건희
펴낸곳 | 주식회사 부크크
출판사등록 | 2014.07.15.(제2014-16호)
주　소 | 서울특별시 금천구 가산디지털1로 119 SK트윈타워 A동 305호
전　화 | 1670-8316
이메일 | info@bookk.co.kr

ISBN | 979-11-372-7313-9

www.bookk.co.kr
© 게임코딩 그것이 알고 싶다

게임 코딩

그것이
알고 싶다 1편

하정현 지음

게임 코딩 그것이 알고 싶다 1편

서문:

게임메이커 스튜디오로 진짜 게임 개발자가 되어보자!　　　저자: 하정현

Theme Ⅰ　코딩이란?

1. 코딩이란

2. 코딩으로 무엇을 할 수 있을까요?

3. 코딩을 배워야 하는 이유

Theme Ⅱ　프로그램 언어와 개발도구

1. 프로그래밍 언어

2. 대표적인 소프트웨어 개발 프로그램

3. 대표적인 게임 개발 프로그램

4. 게임 프로그래밍을 위한 기초 지식

Theme Ⅲ　게임메이커 스튜디오 사용하기

1. 게임메이커 스튜디오 설치하기

2. 게임메이커 스튜디오 둘러보기

Theme Ⅳ　게임 제작 실전 프로젝트

1. 자동차 전시장 만들기(스프라이트 오브젝트 만들기)

　가. 자동차/부품/타이틀 스프라이트 만들기

　나. 전시장 배경화면 만들기

　다. 자동차/부품/타이틀/전시장 오브젝트 만들기

　다. 룸(화면)에 인스턴스를 생성하여 전시장 완성하기

2. 도로위를 움직이는 자동차(애니메이션와 배경음악)

가. 도시 배경 만들기

나. 스프라이트 애니메이션 만들기

다. 자동차 움직이는 액션 넣기

라. 배경음악 넣기

3. 팩맨(Pac-Man) 게임(이벤트/움직임/충돌감지/배경음악)

가. 스프라이트와 오브젝트 만들기

나. 오브젝트를 복사하여 게임 배경 만들기

다. 오브젝트 충돌 감지 및 움직임 제한하기

4. Rally-X(방구차) 게임(뷰 설정과 뷰 이동)

가. 자동차와 벽 오브젝트 만들기

나. 자동차 움직임 설정하여 움직이게 하기

다. 자동차를 따라 뷰가 움직이게 설정하기

라. 아이템 효과 및 텍스트 표시

5. 날아오는 운석 피하기 게임 1(인스턴스 생성 및 제거)

가. 우주선과 운석 오브젝트 만들기

나. 우주선과 운석 움직임 설정하기

다. 운석과 우주선 충돌 설정하기

라. 운석과 우주선 충돌 효과음과 배경음악 넣기

마. 운석 인스턴스 생성 및 화면 벗어나면 제거하기

6. 날아오는 운석 피하기 게임 2(이동 경로(패스) 설정)

가. 운석이 움직일 경로(패스) 만들기 및 경로 만드는 2가지 방법 알기

나. 운석에 경로(패스) 적용하기

다. 비행기와 충돌하면 비행기 폭파하기

7. 날아오는 운석 피하기 게임 3(게임 상황 표시 및 룸 전환)

가. 게임 진행 상황 표시하기

나. 운석과 충돌하면 우주선 생명 감소하고, 생명이 다하면 비행기 제거하기

다. 새 비행기 임의의 위치에 생성하기

라. 게임이 종료되면 게임 종료 화면으로 전환하기

8. 룰렛 게임 (버튼 이벤트 처리)

가. 룰렛 스프라이트 및 오브젝트 만들기

나. 룸 배경화면 및 버튼 만들기

다. 룰렛 움직임/멈춤 버튼 이벤트 처리하기

라. 이벤트 실행 순서 이해하기

게임 코딩 그것이 알고 싶다 2편

9. 러닝 게임(뷰와 카메라 이동 처리)

가. 캐릭터/장애물/바닥 스프라이트 및 오브젝트 만들기

나. 장애물 생성 및 충돌 처리하기

다. 키보드로 캐릭터 움직임 설정하기

라. 캐릭터 이동에 따른 뷰와 카메라 이동 처리

10. 풍선 터트리기 게임 만들기(스크립트 및 다양한 파티클 효과, 상속 개념)

가. 풍선 스프라이트 및 오브젝트 생성하기

나. 풍선 움직임 설정을 위한 부모 오브젝트 생성하기

다. 풍선 오브젝트 상속 처리하기

라. 파티클 효과 사용 방법

마. 풍선 클릭시 폭파 스크립트 작성하기

11. (아타리)퐁 게임(자동 움직임 제어)

가. 공/막대 스프라이트 및 오브젝트 만들기

나. 퐁 막대/ 공 움직임 설정하기

다. 컴퓨터 퐁 막대 자동 움직임 설정하기

라. 게임 시작 및 스코어 처리

12. 롤렛 게임 2 (배열 사용 및 한글 폰트 사용방법)

가. 배열 개념 이해

나. 롤렛 배열 초기화 및 사용

다. 롤렛 멈춘 곳 각도 계산하기 및 피드백 구현

라. 내부 메세지 창을 이용한 메시지 출력 방법

마. 한글 폰트 사용 방법 알기

13. 플라피 버드 (글로벌 마우스 이벤트 처리 및 장애물 동적 생성)

가. 새/바닥/장애물 스프라이트 및 오브젝트 만들기

나. 룸 배경 애니메이션 만들기

다. 글로벌 마우스 이벤트 구현하기

라. 게임 중에 장애물 동적으로 만들기

마. 스프라이트 점수 폰트 생성하기

14. 카드 매칭 게임 (스트립 이미지 분할 및 삼각함수를 이용한 뒤집기 효과)

가. 카드 스프라이트 및 오브젝트 만들기

나. 스트립 이미지 분할하여 스프라이트 만들기

다. 카드 움직임 및 이벤트 구현하기

라. 사인함수와 이미지 변환

마. 파티클 디자이너 사용방법 알기

15. 1945 슈팅 게임 (게임 완성하기 GML)

가. 적/비행기/총알/아이템 스프라이트 및 오브젝트 만들기

나. 배경 화면 생성 및 배경 애니메이션

다. 비행기 각종 총알 및 발사 구현

라. 적 움직임 경로 생성 및 적용하기

마. 인스턴스의 깊이 이해

바. 게임메이커 스튜디오 내장 파티클 효과 사용방법

사. 게임 관련 버튼 이벤트 구현하기

게임메이커 스튜디오로

진짜 게임개발자가 되어 보자!

이 책을 읽는 독자들은 어떤 분들이 될까? 이 책은 어떤 독자들을 대상으로 만들어진 것일까?

1. 게임을 만들어보고 싶은데 어떻게 만드는지 모르시는 분들,

2. 코딩 공부는 하고 싶은데 어디서부터 어떻게 시작해야 하는지 몰라서 공부를 미루고 있었던 분들,

3. 교육용 코딩 프로그램인 엔트리나 스크래치를 열심히 배웠지만 뭔가 2% 부족함을 느끼고 있었던 분들,

4. Unity, 언리얼 등의 게임 개발 프로그램을 배우고 있지만 어려움을 느끼고 있는 분들,

5. 배우기 쉬운 게임 개발 프로그램에 대해 알고 싶은 분들,

6. 학교나 학원에서 아이들에게 게임 개발의 실제를 가르쳐주고 싶은 분들,

위의 분들을 생각하면서 최대한 쉽게, 최대한 게임 개발 실제에 가깝게 배울 수 있도록 책을 써 보았습니다.

요즈음 코딩교육에 대한 관심도가 높아지면서 코딩을 배울 수 있는 다양한 책들이 출판되고 있습니다. 하지만 그중에서도 2D 게임 개발 전문 프로그램인 게임메이커 스튜디오를 활용하여 게임 개발을 할 수 있는 입문서와 활용서가 전무한 상황이라 책을 집필하게 되었습니다.

게임메이커 스튜디오는 나이 상관없이 코딩 교육 수준과 상관없이 누구나 쉽게 배울 수 있는 매우 뛰어난 기능을 가진 전문 게임 개발 프로그램입니다.

평소에 생각해 둔 게임 아이디어가 있다면 게임메이커 스튜디오와 함께 진짜 게임개발자가 되어 보세요.

처음 책을 쓰려고 했을 때는 누구보다 잘 쓸 수 있을 것 같았지만 책을 쓴다는 게 생각보다 쉽지 않다는 것을 책을 직접 쓰면서 절실히 알게 되었습니다. 열심히 쓴다고 썼지만 읽는 독자의 입장에서는 아직도 부족한 부분이 많을 수 있습니다. Q&A에 질문을 주시면 성심껏 답변을 드리도록 하겠습니다.

■ Q&A 및 예제파일 다운로드 : https://cafe.naver.com/bandiprogram
■ 압축파일 비밀번호: 20220208

자자   하정현

코딩이란

코딩, 프로그래밍, 소프트웨어 개발이라는 말을 우리 주변에서 많이 들어 봅니다. 이 용어들이 어떻게 사용되며, 어떤 의미를 가지고 있는지 함께 알아보는 시간으로 첫 장을 구성해 보았습니다. 이번 시간을 통해 여러분들은 코딩과 관련된 기본적인 개념에 대해 알 수 있을 것이라 생각합니다.

1   코딩이란?

무엇을 배울까요?	■ 코딩, 프로그래밍, 소프트웨어 개발의 의미를 알 수 있게 됩니다.
	#코딩, #프로그래밍, #소프트웨어 개발, #알고리즘

사전적 의미	**Code [Koud] 코드, 암호, 규정, 약속, 명령** ⇩ **Code + ing** **코드(약속,명령) + 작성하는 것** ⇩ **Program + ing** **프로그램 + 만드는 것** ⇩ **Soft(Program) + ware** **프로그램 + 제품으로 만드는 것**

위의 사전적 의미에서처럼 개발하는 소프트웨어에 맞는 기능을 구현하기 위해 기본적인 코드를 작성하는 코딩을 하고, 이러한 코딩작업을 바탕으로 특정 기능을 하는 프로그램으로 만들어지며 최종적으로는 결과물로써 하나의 소프트웨어가 됩니다.

코딩, 프로그래밍, 소프트웨어 개발이란 말은 실제로는 같은 의미로 크게 구분없이 사용하기도 하지만 정확하게 구분하여 표현하면 다음과 같은 관계로 표현할 수 있습니다.

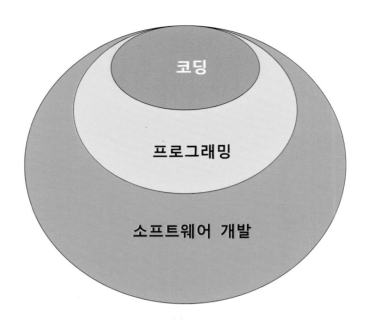

코딩	프로그래밍 언어를 사용하여 프로그램의 코드를 작성하는 일
⇩	
프로그래밍	알고리즘을 개발 및 적용하여 프로그램을 만드는 일
⇩	
소프트웨어 개발	프로그램을 개발 및 오류 수정하여 하나의 제품으로 만드는 일

코딩은 프로그램을 개발하는 과정으로 기능 구현을 위해 코드(프로그래밍 언어)를 작성하는 일을 의미합니다. 프로그램을 제작하는 단계로서의 컴퓨터 프로그래밍 언어를 사용하여 코드를 작성하고 있는 과정을 의미하기도 하고 프로그래밍의 초기 단계로서의 작업을 의미하기도 합니다.

프로그래밍은 특정한 일(알고리즘)을 수행하는 프로그램(Program)을 다양한 프로그래밍 언어를 사용하여 만드는 작업을 말합니다.
현재 대부분의 프로그래밍 언어들이 알파벳과 숫자, 기호로 이루어져 있습니다.

사실 컴퓨터는 우리가 사용하는 프로그래밍 언어를 바로 인식하지 못하고 0과 1로 된 정보만을 바로 인식할 수 있습니다. 하지만 우리는 0과 1로 된 이진법으로 프로그램을 작성할 수 없기 때문에 우리가 이해하기 쉬운 인간의 언어를 사용하여 프로그래밍하게 되며, 중간에 컴퓨터가 이해할 수 있는 형태로 번역되는 해석과정이 필요합니다.

프로그래밍은 프로그램의 기능 구현을 위한 알고리즘 작성부터 라이브러리(특정한 기능을 하는 함수들의 모음) 제작까지 모두 포함하는 개념으로 사용됩니다. 이렇게 제작된 라이브러리와 알고리즘을 적용하여 프로그램을 제작하는 일을 의미합니다.

프로그래밍을 하기 위해서는 프로그래밍 언어에 대한 지식과 프로그램 제작 기술에 대한 이해를 필요로 합니다. 다양한 프로그래밍 언어가 존재하고 자신이 구현하려고 하는 프로그램의 성격에 맞는 프로그래밍 언어를 선택하면 됩니다.

소프트웨어 개발은 처음(개발 요구)부터 제작, 제품 출시, 유지 보수 전체를 포함하는 의미를 가지고 있습니다. 프로그래밍으로 제작된 프로그램을 요구 사항에 맞는지 테스트하고 이를 분석하는 일, 최종 시현 및 사용자 교육, 이후 유지 보수까지 전체를 포함합니다.

위와 같은 개념을 이해하면 우리가 일반적으로 프로그램을 개발하는 전체과정을 통틀어 "소프트웨어를 개발한다" 라고 말할 수 있습니다. 그리고, 왜 우리가 컴퓨터 프로그램 개발자를 '코더' 라고 부르지 않고, '프로그래머' 또는 '소프트웨어 개발자' 라고 부르는지를 이해할 수 있을 것입니다.

일반적으로 우리가 미국인이나 중국인들과 의사소통을 하기 위해서 영어나 중국어 등의 언어를 사용하는 것과 같이 어떤 프로그램을 개발하기 위해서는 그 소프트웨어에 적합한 프로그래밍 언어를 사용하여 컴퓨터와 의사소통을 해야 합니다.

2 코딩으로 무엇을 할 수 있을까요?

무엇을 배울까요?	■ 코딩으로 할 수 있는 다양한 일들을 알게 됩니다.
	#게임개발, #OS개발, #웹개발, #응용프로그램 개발, #데이타분석

■ 게임 개발

여러분들은 마인크래프트, 배틀그라운드, 로블록스, 쿠키런 등의 게임을 하면서 한 번쯤 나도 이런 게임을 개발할 수 있는 능력이 있으면 얼마나 좋을까 하는 생각해본 적 있나요? (사실 저도 스타크래프트를 하면서 프로그래머의 꿈을 키운 사람입니다.)

처음부터 이런 멋진 게임을 개발하기는 어렵지만, 가만히 생각해보면 결국 이 모든 게임은 누군가에 의해 개발되었다는 사실입니다. 그 개발자들도 처음 배우던 시절이 있었겠죠?

우리가 좋아하는 이런 게임들은 어떻게 만들어질까요? 게임 개발자가 되려면 무엇을 배워야 할까요? 이런 궁금증들이 들 수 있었습니다.

이 책으로 조금씩 공부하다 보면 그 궁금증을 조금씩 해결될 수 있을 겁니다.

마인크래프트 Minecraft	https://www.minecraft.net/ko-kr

출처: 마인크래프트 홈페이지

스웨덴의 마르쿠스 페르손과 옌슨 베리엔스텐 2명이 자바 프로그래밍 언어로 개발한 프로그램으로 유명합니다. 2009년에 처음 선보인 다음 2014년에 마이크로소프트사가 이 게임을 3조원이라는 엄청난 가격으로 인수하여 점점 그 규모를 키워가고 있습니다.

마인크래프트는 3차원 공간 내에서 모든 것이 네모난 블록으로 이루어진 네모난 가상 세상에서 플레이어가 자유롭게 돌아다니면서 다른 플레이어들과 협력하거나 또는 혼자서 게임 내 구성요소를 플레이어의 의지대로 자유롭게 만들거나 바꿀 수 있는 샌드박스형 게임입니다.

배틀그라운드 BATTLEGROUNDS	https://krafton.com/games/battlegrounds/

출처: 크래프톤 홈페이지

PUBG(펍지 스튜디오)사에서 개발하고 있는 서바이벌 형태의 슈터 게임입니다.

언리얼이라는 3D 게임 엔진(게임 개발 전용 프로그램)을 사용하여 개발된 게임이며, PC와 모바일 모두에서 즐길 수 있는 게임입니다.

최대 100명의 플레이어가 1인 또는 1팀으로 구성되고, 기본적으로 슈팅 게임으로 미지의 섬에서 배틀 형태로 게임이 진행되며, 1인 또는 1팀이 승리 또는 패배할 때까지 게임이 진행됩니다.

※ 게임 엔진은 수학, 물리학, 게임프로그래밍에 관한 깊은 지식 없이도 게임을 만들 수 있게 도와주는 도구

분노의 똥침	https://play.google.com/store/games

출처: 구글 플레이스토어

저자가 개발한 모바일 전용 게임입니다. 현재는 안드로이드로만 서비스되고 있으며, Unity라는 게임 엔진과 C#프로그래밍 언어를 사용하여 개발하였습니다.

대항해시대에 폭풍우에 배가 휩쓸리게 되고 배가 먼 바다를 표류하다가 똥마을에 도착하게 되고 똥추장에게 배를 빼앗긴 선원이 똥마을에서 똥추장의 공격을 피해 배의 부품들을 모두 되찾아 똥 섬을 탈출하는 게임입니다.

쿠키런	https://www.devsisters.com/ko/

출처: 데브시스터즈 홈페이지

데브시스터즈사에서 개발한 모바일전용 러닝 액션 게임입니다. 쿠키런은 cocos2d-x라는 2D 전용 게임엔진(게임개발 전용프로그램)을 사용하여 개발된 것입니다.

미국동화인 진저브레드(생강빵을 주인공으로 하는 동화)를 바탕으로 만들어진 러닝 액션 게임입니다. 기본적으로 점프와 슬라이딩으로 장애물을 피해 달리면서 젤리를 먹어 점수를 올리는 게임입니다.

■ 운영시스템(OS) 개발

우리가 매일 접하는 윈도우즈나 안드로이드 등은 모든 소프트웨어가 작동하는 바탕이 되고 하드웨어를 쉽게 사용하거나 관리할 수 있도록 하는 시스템 소프트웨어입니다. 운영체제는 일반적으로 OS(OPERATING SYSTEM)라고 하며 컴퓨터라고 하는 하드웨어 장치를 사람이 사용할 수 있는 환경을 제공하는 소프트웨어입니다.

참고로 프로그래밍에 관심있는 여러분이라면 운영체제 대부분이 C 언어를 기반으로 개발된 시스템이라는 사실도 주목할 필요가 있겠습니다.

마이크로소프트 윈도우즈(MS Windows)

출처: 마이크로소프트사 홈페이지

마이크로소프트사에서 개발한 대표적인 컴퓨터 운영체제로 컴퓨터내 자원인 하드웨어와 소프트웨어를 관리하여 사용자로 하여금 이를 쉽게 사용하고 관리할 수 있게 해주는 시스템으로 세계적으로 가장 많은 사람들이 사용하고 있는 운영체제입니다. 따라서 윈도우즈 환경은 많은 일반사용자들에게 매우 익숙하고 호환이 되는 응용프로그램들이 굉장히 많은 것이 장점이라고 할 수 있지만, 그 만큼 보안에 취약하다는 단점 또한 가지고 있습니다.

윈도우즈 운영체제는 초장기에는 c언어로 제작되었으며, 이후 C++로 작성된 부분이 추가된 형태로 개발되었다고 알려져 있습니다.

애플 맥OS(Mac OS)

출처: 애플사 홈페이지

마이크로소프트사의 윈도우즈와 함께 대표적인 컴퓨터 운영체제입니다. 맥 OS는 애플이 자사 전용 컴퓨터인 매킨토시용으로 개발한 그래픽 기반의 사용자 인터페이스 운영체제입니다. 사용감이 좋으며, 특히 아이폰, 아이패드 등의 애플 제품들과 동기화가 뛰어납니다. 성능과 안정성이 뛰어나 개발자들에게 더욱 인기가 있습니다. 맥 OS에서는 액티브 X 설치가 불가능하기 때문에 액티브 X를 사용하는 관공서나 은행의 인터넷 뱅킹을 사용할 때는 불편할 수 있습니다.

맥 OS는 유닉스 운영체제를 바탕으로 개발된 운영체제로 대부분은 C언어로 개발되었으며, 일부 어셈블리어로 개발된 부분이 더해진 형태입니다.

안드로이드(Android)

출처: 안드로이드 홈페이지

리눅스 운영체제를 기반으로 Google에서 제작하여 보급하고 있는 모바일 운영체제입니다. 오픈 소스 플랫폼으로 많은 스마트기기 제조사가 사용하고 있습니다. 안드로이드 버전은 디저트의 이름을 붙여서 지금까지 업데이트 되고 있습니다. 모바일 시장의 운영제체에서 80%를 차지하고 있는 절대강자입니다.

안드로이드는 리눅스 운영체제를 기반으로 개발되었기 때문에 C언어로 개발된 운영체제로 볼 수 있습니다.

| IOS | https://developer.apple.com/kr/ |

출처: 애플 개발자 홈페이지

맥OS를 기반으로 Apple사가 제작하여 독자적으로 보급하고 있는 모바일 운영체제입니다. 맥OS는 다윈(Darwin)을 기반으로 만들어진 운영체제입니다. IOS는 2007년부터 아이폰, 아이팟, 아이패드를 위한 전용 운영제체로 개발되었습니다.

현대의 모든 운영체제의 공통 조상은 유닉스라고 볼 수 있으며, 따라서 대부분의 운영체제는 C언어로 개발되었다고 생각하시면 되고, 이후 추가적으로 확장된 부분은 C++ 등으로 더해졌다고 보시면 됩니다.

리눅스(Linux)

출처: 리눅스 공식 홈페이지

리눅스는 리누즈 토발즈라는 개발자가 처음 개발한 유닉스(Unix) 기반의 공개 운영체제입니다. 유닉스의 뛰어난 안정성과 무료 오픈소스 기반의 개인용 서버 시스템으로 인기가 있습니다.

리눅스는 처음에는 인텔 기반의 개인용 컴퓨터용 시스템으로 개발되었으나 이후 더 많은 플랫폼으로 확장되었습니다. 리눅스는 자유 오픈 소스 소프트웨어로 배포되고 있기 때문에 누구나 소스코드를 수정하여 사용 및 배포 가능합니다.

유닉스(UNIX)

UNIX®

A Standard of The Open Group®

출처: 유닉스 공식 홈페이지

벨 연구소에서 개발한 운영체제로 현대 시스템 운영체제의 조상이라고 할 수 있습니다. 유닉스는 교육 및 연구기관에서 사용하기 위한 서버 시스템용 운영체제로 처음 개발되었다가 뛰어난 성능과 안정성으로 지금은 서버 시스템으로 대부분 사용되고 있습니다.

UNIX에 관한 또 하나의 재미있는 사실은 현대 프로그래밍 언어의 공통 조상이라도 할 수 있는 C언어 자체가 UNIX 시스템을 개발하기 위한 프로그래밍 언어로 만들어졌다는 사실입니다.

UNIX가 운영체제의 표준이 되었듯이 C언어도 시스템 개발을 위한 언어로 표준이 됩니다.

■ 응용 프로그램 개발

다양한 프로그래밍 언어를 사용하여 PC, 태블릿 및 기타 장치에서 작동하는 응용프로그램을 만들 수 있습니다. 현재 여러분이 사용하고 있는 PC에서 동작하는 대부분 프로그램을 우리는 일반 응용프로그램이라고 할 수 있습니다. 이러한 응용프로그램은 그 성격과 규모에 따라서 혼자서 개발할 수 있는 작은 규모의 프로그램부터 많은 개발자들이 많은 시간과 비용을 들여서 제작하는 복잡한 프로그램까지 여러 가지 형태가 있습니다.

응용프로그램의 개발 범위(종류)는 아주 광범위해서 여러분의 단순 작업을 줄여주는 매크로 프로그램부터 문서편집, 이미지 편집, 동영상 제작, 인터넷 프로그램, 프로그램 개발 프로그램 등 그 종류와 개발된 범위가 무한하다고 볼 수 있습니다.

1인 개발 가능한 응용프로그램

윈도우즈 보조 프로그램

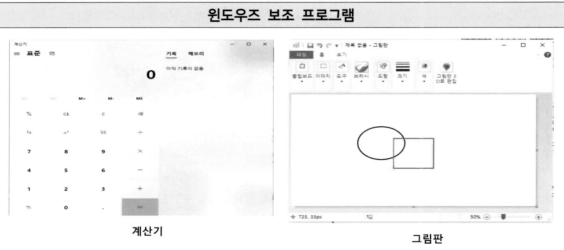

계산기   그림판

위의 프로그램들은 윈도우즈(Windows) 운영체제에 기본적으로 설치되어 있는 보조 프로그램들입니다. 이외에 기본적으로 설치되어 있는 메모장, 워드패드, 그림판 프로그램 등도 동일한 규모의 프로그램들로 볼 수 있습니다.

윈도우즈에 있는 계산기는 현재 소스가 인터넷에 공개되어 있으며, 마이크로소프트사에서는 향후 윈도우즈 계산기 개발에 많은 개발자들이 참여하기를 바란다고 밝히고 있습니다. 깃허브(Git)에서 윈도우즈 계산기를 검색하면 공개된 소스코드를 다운로드 받아서 살펴볼 수 있습니다. 마이크로소프트에서 개발한 소스코드를 살펴보는 것은 마이크로소프트사의 최신 기술을 살펴볼 수 있는 좋은 기회가 될 수 있습니다.

1인 개발 프로그램이라고 해서 난이도가 쉽다는 의미가 아니라 혼자서도 충분히 개발할 수 있는 정도의 규모라는 의미로 받아들였으면 합니다.

모두의 교육과정 프로그램   https://cafe.naver.com/matchoom

저자가 직접 개발하여 초등학교 선생님들을 위해 무료 배포하고 있는 초등학교 학급 교육과정 편성, 운영, 출력 프로그램입니다.

출처: 모두의 교육과정 카페

프로그램 개발에 사용한 프로그래밍 언어는 대부분 C#언어를 사용하였으며, 일부 C/C++을 사용하여 기능을 확장한 부분이 있습니다. 출력을 위한 문서 생성이나 저장을 위한 파일 생성 부분은 한글(HWP)과 엑셀(Excel) 프로그램에서 자체 제공하고 있는 API(Application Programming Interface)를 이용하고 있으며, 사용자들의 작업 내용을 저장하기 위해 사용하고 있는 데이터베이스는 마이크로소프트사의 MS-ACCESS를 사용하고 있습니다.

공동 개발(대형) 응용 프로그램

엑셀(Excel)   https://www.microsoft.com/ko-kr/microsoft-365/excel

출처: 마이크로소프트사 홈페이지

마이크로소프트사에서 개발한 엑셀(Excel)이라는 프로그램입니다.

엑셀은 단순 계산에서부터 테이타를 분석하고 해석하여 이를 다양한 도구를 사용하여 표현할 수 있는 강력한 기능을 가진 스프레드시트 프로그램입니다.

엑셀 내부의 VBA(Visual Basic for Application) 라고 하는 비주얼베이직이라는 프로그래밍 언어를 사용하여 다양한 기능을 가진 독자적인 프로그램도 만들 수 있는 뛰어난 프로그램입니다.

포토샵   https://www.adobe.com/kr/products/photoshop.html

출처: 포토샵 공식 홈페이지

Adobe(어도비)사에서 개발한 Phtoshop이라는 그래픽 편집 프로그램입니다. 사진편집에서부터 사진보정 등 사진 및 이미지 편집에 있어 최고의 프로그램이라 할 수 있습니다.

처음에 이미지 뷰어프로그램으로 개발되어 포토샵이라는 이름을 얻기도 전에 영화에 사용되어 고가의 편집 장비없이 높은 품질의 사진 편집효과(특수효과)를 내는 데에 쓰였습니다.

포토샵 개발에는 C++(초기 버전:파스칼)이라는 프로그래밍 언어가 사용되었습니다.

■ 웹 프로그램 개발

인터넷 기반에서 우리가 흔히 볼 수 있는 웹사이트(홈페이지)는 웹 개발자들(웹디자이너 포함)에 의한 디자인과 프로그래밍 작업의 결과물이라고 볼 수 있습니다.

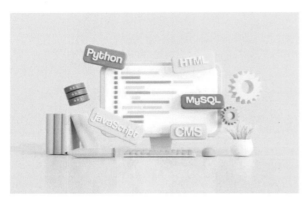

일반적으로 웹 프로그램 개발이라고 하면 인터넷이나 인트라넷(사설망)에서 사용하기 위한 웹사이트를 개발하는 일을 말합니다. 단순하게 정보만을 보여주는 정적인 문서(HTML) 작성부터 실시간으로 데이터를 처리하는 복잡한 웹 기반 인터넷 애플리케이션, 물건을 사고 팔고 결재까지 가능한 쇼핑몰 사이트, 많은 사용자들이 실시간으로 소식을 나누고 소통을 하는 소셜 네트워크 서비스에 이르기까지 개발 범위가 무궁무진합니다. 이러한 웹 개발에는 웹 프로그래밍뿐만 아니라 웹 디자인, 웹 콘텐츠 개발의 클라이언트 사이드 측의 개발 부문과 이러한 웹서비스가 잘 이루어질 수 있도록 사용자들의 요청을 처리하는 서버 사이드(서버 프로그래밍) 프로그램 제작, 데이터베이스 관리 시스템, 웹 서버 구축 및 네트워크 보안 구성 등을 포함합니다.

페이스북	https://www.facebook.com/

출처: 페이스북 홈페이지

하버드 대학교의 학생이었던 마크 저크버그가 친구들과 함께 재미로 개발한 서비스를 시작으로 현재는 전세계에서 가장 많은 사용자를 가지고 있는 소셜네트워크 시스템으로 발전하였습니다.

사용자들 간의 소통을 위한 다양한 서비스를 제공하고 있으며, 웹과 앱이 연동되어 사용자들이 편리하게 사용할 수 있습니다.

초기에는 개인 개발자들이 접근하기 쉽고 사용하기 가장 많이 사용하고 있는 웹 프로그래밍 언어인 PHP(Hypertext Preprocessor)와 개인용 데이터베이스 시스템인 MySQL을 사용하여 개발하였습니다. 현재는 파이썬, C++, JAVA 등의 다양한 프로그래밍 언어들이 함께 사용되어 더욱 더 다양한 서비스를 개발하고 있는 상태입니다.

에듀넷 교육용 홈페이지	https://www.eduent4u.net

에듀넷은 대한민국 교육부 산하 단체인 한국교육학술정보원이 운영하는 교육정보종합서비스망으로, 교육정보의 효과적인 전달체계를 구축함과 동시에 분산되어있는 각종 교육정보 및 자료를 상호 연계

출처: 에듀넷 홈페이지

하고, 이를 종합적, 체계적으로 서비스하기 위해 개통 운영하고 있으며 현재는 '에듀넷·티-클리어'라는 새로운 명칭으로 서비스가 대대적으로 개편되었습니다.

에듀넷 홈페이지는 데이터베이스에 대한 정보는 알 수 없으며, 서버 시스템으로 Java를 사용하고 Jsp를 이용하여 클라이언트 웹서비스를 제공하고 있습니다.

유튜브 https://www.youtube.com/

출처: 유튜브 홈페이지

구글이 서비스하고 있는 동영상 공유 플랫폼입니다. 유튜브는 사용자들이 자유롭게 동영상을 업로드하거나 볼 수 있는 온라인 방송 시스템입니다.

실시간 개인 방송부터 실시간으로 소통할 수 있는 채팅 서비스, 후원 시스템까지 제공하고 있습니다.

유튜브의 영상 재생기술은 어도비의 플래시 플레이어와 H.264 영상 코덱을 기반으로 동영상 서비스를 제공하고 있습니다. 유튜브가 없던 시절에는 동영상마다 코덱이 달라 해당 코덱이 설치되어 있지 않았을 경우 동영상 재생(화면이 안보이거나, 소리가 안들리는 등)이 안되는 불편함이 있었습니다.

유튜브는 파이썬, C, C++, Java를 이용한 서버 시스템과 MariaDB 데이터베이스, Jsp를 이용한 웹페이지로 웹서비스를 제공하고 있습니다.

아마존 https://www.amazon.com/

출처: 아마존 공식 홈페이지

처음에는 신발을 판매하는 온라인 전자상거래 시스템으로 시작하여 현재는 세계 1위의 최대 인터넷 쇼핑몰이 되었습니다.

이와 함께 클라우드 컴퓨팅 서비스, 아마존 프라임 미디어 서비스, 인공지능을 바탕으로 한 인공지능 스피커, 드론 배송, 자율 주행 서비스까지 도전하고 있습니다.

아마존 홈페이지는 C++과 Java 서버 시스템, Oracle Dtabase, Jsp를 이용하여 웹서비스를 제공하고 있습니다.

■ 앱(App)/웹 앱 개발

우리가 스마트폰에서 사용하는 모든 앱(App)들은 그것을 개발한 사람들이나 개발 회사들이 있습니다.

그 종류에는 기능이 단순한 일반 유틸리티 앱부터 현재 전 국민이 사용하고 있다고 해도 과언이 아닌 국민 메신저인 카카오톡 그리고 남녀노소 할 것 없이 모두가 사랑하고 즐겨하고 있는 배틀그라운드나 로블록스같은 게임 앱까지 다양한 앱들이 있습니다. 인스타그램이나 페이스북과 같은 하이브리드 앱의 경우에는 개발된 하나의 페이지로 여러 사이즈의 디바이스 기기에서 보여줄 수 있는 장점이 있습니다.

일반적으로 앱은 네이티브앱(일반 앱), 웹앱, 하이브리앱의 3가지 형태로 개발될 수 있습니다. 네이티브앱은 성능은 가장 좋으나 플랫폼에 한정적입니다, 웹앱은 웹사이트처럼 개발되어 접근성이 좋으나, 스마트 기기의 기능을 직접 사용하는 데 한계가 있습니다. 하이브리드앱은 웹사이트처럼 개발되면서 다수의 플랫폼에 대응할 수 있으나 네이티브 기능에 접근하기 위해서는 하이브리드 플랫폼을 별도로 사용해야 합니다.

모바일 앱을 개발하는 과정도 일반 응용프로그램 개발이나 웹 시스템 개발과 비슷한 과정으로 개발되며, 서비스 대상이 되는 디바이스의 종류나 사용되는 운영체제 등에 따라 사용하는 개발 프로그래밍 언어나 개발에 사용하는 프로그램이 다를 수 있습니다..

◆ 하이브리드 앱 : 개발과정에서 하나의 웹 페이지로 웹과 앱 환경 모두 서비스를 제공할 목적으로 개발된 시스템을 의미합니다.

스마트 휘슬(호루라기)	네이티브 앱

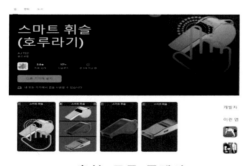

출처: 구글 플레이

요즘음 같은 코로나 시국에 입으로 부는 호루라기 대신에 스마트폰을 이용하여 휘슬 소리를 내는 호루라기 앱니다.

3가지 타입의 휘슬을 제공하며 터치만으로 소리를 낼 수 있고 사용법이 아주 쉽다는 장점이 있습니다.

저자가 학교 현장에 있을 때 가끔식 사용하려고 만들었던 안드로이드 전용 앱니다.

스마트 휘슬 앱은 Java 프로그래밍 언어와 Android Studio 라는 구글에서 제공하는 프로그램 개발도구를 사용하여 개발하였습니다.

카카오 톡	네이티브 앱

카카오톡은 전세계 어디서나 안드로이드폰과 아이폰 사용자간 메시지를 주고 받을 수 있는 메신저 서비스입니다.

가입과 로그인 없이 전화번호만 있으면 실시간 그룹채팅 및 1:1 채팅을 즐길 수 있고, 사진, 동영상, 연락처 등의 멀티미디어도 간편하게 주고 받을 수 있습니다.

안드로이드 앱은 JAVA 프로그래밍 언어를 사용하여 개발되었으며, IOS 앱은 Object-C로 개발되었습니다. PC용은 C++과 WPF UI를 사용하여 개발 된 메신저 프로그램입니다.

https://www.kakaocorp.com/

<출처: 카카오톡 공식 홈페이지>

인스타 그램	하이브리드 앱

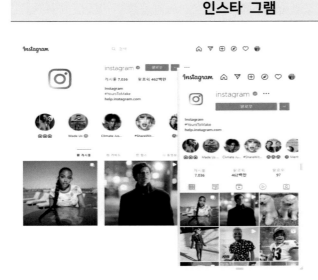

인스타그램은 온라인 사진 공유 및 소셜 네트워크 서비스를 제공하는 시스템입니다. 인스타그램 앱을 사용하면 다양한 사진효과를 적용하여 바로 업로드할 수 있으며, 페이스북과 트위터에도 바로 업로드 할 수 있습니다.

최근에는 화상통화기능까지 추가하며 다양한 서비스를 제공하고 있습니다.

인스타그램은 파이썬이라는 프로그래밍 언어로 개발되었으며 웹과 PC에서 같은 주소로 접속하여 같은 기능을 사용할 수 있는 하이브리드 앱 형태를

출처: 인스타그램 홈페이지

띄고 있습니다.

https://www.instagram.com/

■ 데이터베이스 관리 시스템

데이터베이스 관리 시스템(database management system, DBMS)은 다수 사용자들의 각종 데이터를 저장하고 있는 데이터베이스 내의 데이터를 접근 및 사용할 수 있도록 해주는 시스템입니다.

데이터베이스 관리라는 것은 온라인이나 오프라인 상에서 대량의 정보를 검색, 조작, 공유, 보호, 구축, 유지 보수 등의 서비스를 제공하는 것을 말합니다.

데이터베이스(Database) 라는 것은 데이터들의 집합체를 의미하며 이를 관리할 수 있도록 해주는 시스템이 DBMS(데이타베이스 관리 시스템)라고 보시면 됩니다.

데이타베이스 관리 시스템의 종류에는 오라클, MySql, MariaDB, ProstgreSQL 등이 있습니다. 이들은 주로 웹서비스를 제공하기 위한 용도로 사용하고 있습니다.

보통 데이터베이스 관리 시스템은 서버에서만 사용하는 시스템으로 알고 있지만 개인 PC에서도 사용할 수 있는 DBMS 시스템이 있는데 대표적으로 마이크로소프트의 엑세스(Access)라는 프로그램입니다.

이러한 DBMS 시스템이외에도 개인 개발자들이 데이타베이스에 쉽게 접근하여 사용할 수 있도록 해주는 프로그램들도 많이 있는데 대표적으로 phpMyAdmin 이라는 관리 프로그램입니다.(대부분의 웹호스팅 회사들이 제공하고 있습니다.)

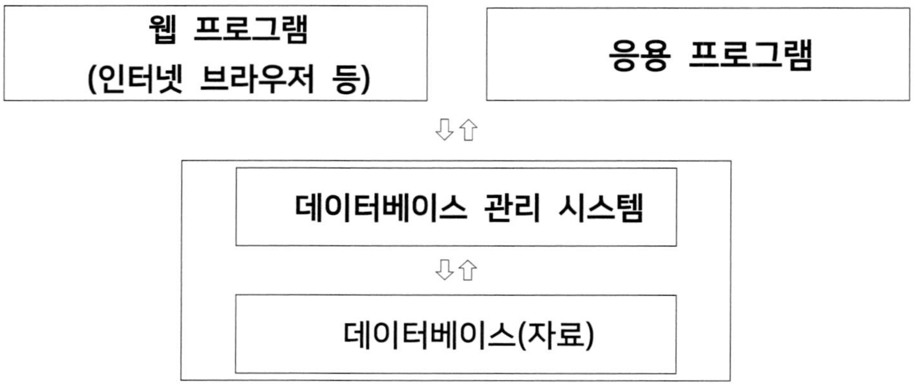

웹 프로그램 (인터넷 브라우저 등)	응용 프로그램

⇩⇧

데이터베이스 관리 시스템

⇩⇧

데이터베이스(자료)

3 코딩을 배워야 하는 이유

무엇을 배울까요?	■ 코딩을 배워야하는 이유에 대해 알 수 있습니다.
	#게임개발, #OS개발, #웹개발, #응용프로그램 개발, #데이타분석

최근까지 우리나라의 많은 부모님들이 아이들이 가장 잘 했으면 하는 것 중 하나가 외국어와 수학이었습니다.

몇 년 전부터 전 세계적으로 코딩 열풍이 불면서 2019년부터는 우리나라 초/중/고 교과과정에서도 코딩교육이 전면 도입되었고, 이에 많은 사람들이 코딩도 외국어/수학과 더불어 21세기 반드시 익혀야 할 필수 과목으로 생각하고 있습니다. 이에 초등학생때 부터 고액의 개인 코딩 과외를 받는다는 뉴스도 심심치 않게 접할 수 있었습니다.

그럼 왜 지금 우리는 코딩을 꼭 배워야 한다라고 많은 전문가들이 이야기하는 것일까요? 이번 기회에 그 이유를 책에서 제시하고 있는 것 외에 여러분 스스로 찾아보는 것도 자기 발전에 많은 도움이 될 것이라고 생각합니다.

■ 더 나은 삶의 도구(삶의 문제 해결 도구)

코딩에 적용되는 많은 기술들은 여러분들이 각자의 삶을 살아가면서 만나는 여러 문제 상황에서 유용하게 사용될 수 있습니다. 개발자가 소프트웨어를 개발하는 것처럼 삶에서 직면한 문제를 작은 문제나 작은 단계로 세분화하고 조금 더 단순화하여 문제를 쉽게 파악할 수 있도록 도움을 줄 수 있으며, 더 나은 삶의 알고리즘을 만들어 여러분의 삶을 개선시키는 멋진 도구로서의 역할도 충분히 해낼 수 있습니다.

스티브 잡스   "이 나라의 모든 사람은 컴퓨터 프로그래밍을 배워야 한다. 왜냐하면 그건 여러분에게 생각하는 법을 가르쳐주기 때문이다."

빌 게이츠   "컴퓨터 프로그래밍은 창의력을 길러준다"

버락 오바마 전 대통령   "비디오 게임을 사지만 말고 직접 만드세요. 휴대폰을 갖고 놀지만 말고 프로그램을 만드세요"

게임코딩

마크 저커버그   *"아이들을 위한 컴퓨터 교육은 빠를수록 좋다"*

■ 더 많은 상상력과 창의력

좋은 프로그램을 만들기 위해서는 사용하고자 하는 프로그래밍 언어를 잘 알고, 멋진 알고리즘을 작성하여 해결하는 능력은 중요합니다. 또, 어떤 문제 상황에 부딪혔을 때 체계적이고, 논리적인 사고방식으로 문제에 접근하여 해결하는 방식 또한 프로그래밍을 하는 사람들에게 기본적으로 필요한 능력입니다. 하지만 그것보다 더욱 중요한 것은 남들이 생각하지 못한 자신만의 아이디어와 이야기를 게임이나 프로그램으로 만들어 내는 능력(창의력)입니다.

가끔은 이러한 능력을 발휘하여 세상을 깜짝 놀라게 하는 사람들이 나오기도 합니다. 예로 '마크 주커버그'가 대학 시절에 만든 Facebook이라는 SNS 시스템 등이 그렇습니다.

프로그래밍 기술이라는 것은 소프트웨어를 개발을 하고자 하는 사람들에게는 단지 하나의 기본에 지나지 않습니다. 하지만 그 기술 위에 보태어지는 프로그래머의 상상력과 창의력이야말로 그 프로그램을 돋보이게 만드는 꽃이라고 생각됩니다.

우리가 일반적으로 프로그래밍이 재미가 없어지는 과정을 보면 더 이상 이러한 상상력과 창의력이 발휘되지 못하고 단순 코딩작업만 반복하는 일상이 반복된다면 그야말로 프로그래밍은 '노동'이 되는 것이겠지요.

특히 요즈음같이 다양한 분야가 융합되어 서비스되는 세상에서는 더욱 더 많은 상상력과 창의력이 필요해지고 있습니다.

좋은 소프트웨어 = 기술 + 창의력(상상력)

■ 더 글로벌한 의사소통과 활동 무대

모든 인종, 성별, 배경과 상관없이 누구나 코딩하는 방법을 배울 수 있습니다.

일반적으로 개인적인 프로젝트가 아니라면 개발자 혼자서 처음부터 끝까지 개발을 다 할 수 있는 경우는 거의 없고, 프로젝트 단위로 다른 동료들과 만나 협력하거나, 디자이너, 기획자들과 만나서 협력하여 작업을 하게 됩니다. 따라서 여러 사람들과 함께 원활하게 커뮤니케이션할 수 있는 능력이 중요합니다.

개인적으로 개발하는 경우에는 혼자서 할 수도 있지만, 회사단위로 개발하는 경우에는 대부분 프로젝트는 동료들과 협업하여 제작해야 하기 때문에 상호 간의 규칙준수 및 상호작용의 기술을 익힐 수 있습니다.

다른 분야와 달리 코드를 중심으로 의사소통할 수 있기 때문에 주제가 명확하고, 의사소통 해야 할 내용 또한 명확한 것이 특징입니다.

요즈음은 개인이 제작한 소프트웨어일지라도 각종 온라인 사이트를 통하여 전 세계인을 상대로 의사소통을 할 수 있고, 소프트웨어 버전 관리 시스템인 Git을 통해 소프트웨어를 공동으로 개발하는 경우도 많이 있습니다.

■ 더 넓은 취업 기회

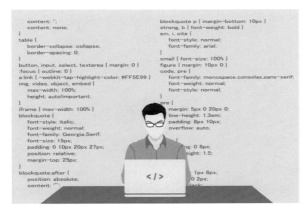

4차 산업혁명 시대를 맞이하여 모든 것이 전자화(사물인터넷)되고, 모든 것이 소프트웨어화되는 세상이 도래할 것이라고 합니다. 이는 소프트웨어 개발자가 더욱 더 많이 필요해질 것이라는 말과 같은 이야기일 수 있습니다.

노동시장 활동을 측정하는 주요 연방기관인 미국 노동부의 노동통계국(BLS)에서도 소프트웨어 개발자 고용률이 2018년부터 2028년까지 21% 이상 성장할 것으로 전망된다고 밝혔습니다. 이는 모든 직업의 평균 성장율을 훨씬 웃도는 성장율입니다.

일반적으로 증권 및 은행 등의 금융기관, 교육기관, IT(정보기술) 분야 및 컴퓨터 통신 관련업체, 멀티미디어 정보처리 관련업체, 통신설비 및 서비스 업체, 컴퓨터 제조 및 판매회사, 정보통신 관련 회사 등에 전산직 공무원,프로그래머, 시스템 및 네트워크 관리사, 웹 프로그래머, 소프트웨어 개발자, 시스템 관리자로서 일을 할 수 있습니다.

게임코딩

프로그래밍 언어와 개발 도구

프로그램 개발을 위해서는 어떤 프로그래밍 언어들을 사용해야 하는지? 어떤 개발 프로그램들을 사용해야 하는 지에 대해 알아보려고 합니다. 프로그램 개발 목적에 따라 알맞은 개발 언어와 도구를 선택하려면 그 언어별 성격과 개발 도구의 특징을 잘 알아야 하겠지요?

프로그래밍 학습에 입문하여 컴퓨터 프로그램을 만들려고 하면 필수적으로 프로그래밍 언어를 접하게 됩니다. 실제로 프로그램의 핵심 개발 활동이 프로그래밍 언어를 기반으로 이루어지며, 우리가 접할 수 있는 프로그래밍 언어의 종류는 매우 다양합니다.

프로그래밍 언어마다 사용하는 방법과 특징도 다르므로 자신이 개발하고자 하는 분야와 자신의 학습 수준에 따라 알맞은 프로그래밍 언어를 선택하여 학습하는 것이 중요합니다.

프로그래밍 언어	저급언어 (Low-level)	■ 컴퓨터가 이해하기 쉽게 작성된 기계적인 언어임. ■ 실행 속도가 매우 빠르고, 아주 깊은 수준의 하드웨어 제어가 가능함. ■ 배우기 매우 어려우며, 유지보수가 어려움.
	고급언어 (High-level)	■ 사람이 이해하기 쉽고, 사용이 편리한 언어임. ■ 인간이 사용하는 언어에 가깝기 때문에 컴퓨터가 이해할 수 있는 형태로 별도의 변환(컴파일 또는 인터프린팅)이 필요함. ■ 저급언어보다 실행속도가 느림. ■ 배우기가 쉽고, 유지보수가 쉬움.

저급언어	기계어, 어셈블리어

고급언어	인터프리터 언어	Python, Ruby, Perl, PHP, JavaScript 등
	컴파일 언어	C, C++, C#, Java 등

< 프로그래밍 언어 분류 >

고급언어는 이해하기 쉽고, 사용이 편리하기 때문에 현재 대부분의 프로그래머가 고급언어를 사용하고 있으며, C, C++, C#, Java, Python, Ruby, Perl, PHP, JavaScript 등 대부분의 프래그래밍 언어들이 여기에 포함됩니다.

저급언어는 실행 속도가 매우 빠르고 하드웨어 제어가 가능하다는 장점이 있으나, 학습과 코딩이 어려우며 유지보수 또한 힘들다는 단점이 있습니다. 일반적으로 기계어와 어셈블리어(Assembly Language)가 여기에 해당합니다.

고급언어의 경우에는 기계어 수준의 바이너리 코드로 변환하여 구동되는 방식에 따라 컴파일(Compile) 언어와 인터프리터(Interpreter) 언어로 다시 구분할 수 있습니다.

컴퍼일 언어는 컴파일러(Compiler)에 의해 원시 코드를 실행 가능한 형태의 기계어로 미리 번역(컴파일)하는 빌드 과정이 있으며, 구동하는 시간이 오래 걸리지만 구동된 이후는 하나의 패키지로 빠르게 작동하는 특징이 있습니다.

인터프리터 언어는 구동(실행) 단계에서 변역기(Interpreter)에 의해 소스 코드를 즉시 번역(해석)해 실행코드로 변환하기 때문에 실행속도는 느리지만, 별도의 빌드 과정 없이 바로 실행 가능하다는 장점이 있습니다.

1 　프로그래밍 언어

무엇을 배울까요?	■ 다양한 프로그래밍 언어의 종류와 그 특징을 알 수 있게 됩니다. #기계어, #C/C++/C#, #JAVA, #HTML, #스크립트 언어, #파이썬

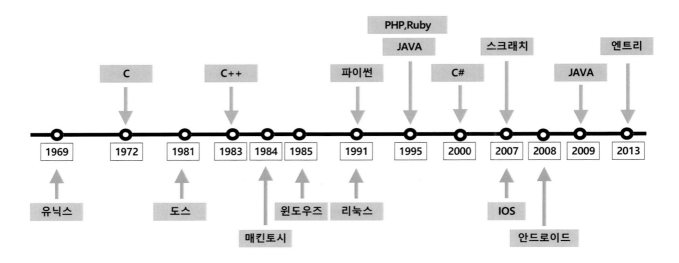

<운영체제와 프로그래밍 언어 개발연도>

■ C언어

　C언어는 초기 유닉스 운영체제 개발을 위해서 만들어진 언어이며, 하드웨어 또한 효율적으로 통제할 수 있습니다. 이후 유닉스 계통(Windows, 리눅스, OS X와 iOS, Android, Windows Phone 등)의 운영체제 또한 C언어로 개발된 이유가 됩니다.

　C언어의 이름은 초기 개발된 B언어를 계승한다고 하여 붙여진 이름입니다.

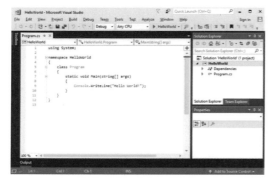

<Visual Studio 프로그램 실행 화면>

　C언어는 고급 프로그래밍 언어의 조상이자 대부분 프로그래밍 언어의 베이스(기본)라고 할 수 있습니다. 따라서 C언어를 배우면 다른 언어를 배우기가 그만큼 쉬워진다는 의미이기도 합니다.

　C언어는 프로그래머에게 하드웨어/소프트웨어 조작에 관한 무한의 자유를 부여합니다. 심지어 메모리를 비트 단위까지 조작할 수 있도록 하지만, 잘못 조작할 경우 메모리 누수로 인해 컴퓨터가 먹통이 되는 심각한 오류

또한 발생시킬 수 있습니다.

C언어 자체는 지원되는 기능이 적고 요즈음의 프로그래밍 언어와 비교하면 문법 또한 매우 간단합니다. 지원되는 기능이 적다보니 필요한 기능 대부분은 프로그래머가 직접 구현해서 사용해야 한다는 단점이 있습니다.

장점	단점
■ 프로그래밍 언어가 간결함. ■ 실행 속도가 빠름. ■ 결과물의 크기도 작아 메모리를 적게 차지함. ■ 기계수준(하드웨어)의 제어가 가능	■ 지원되는 기능이 적어서 직접 구현해야 함. ■ 하드웨어마다 별도로 구현해 주어야 함. ■ 메모리 관리의 어려움. ■ 수정 및 유지보수의 어려움.

■ C++ 언어

C언어를 바탕으로 만들어진 언어로, C언어의 문법과 기능을 대부분 포함하고 있습니다.
C++은 C언어의 절차 지향적인(순차적인, Procedural Programming) 언어의 특징과 객체 지향적인(Object Oriented Programming) 언어 특징을 동시에 가지고 있는 프로그래밍 언어입니다.

여기서 잠깐! C++은 왜 D언어가 아니고 C++이라고 이름을 붙였을까요?
그 이유는 C언어에서 필요한 부분만 개선했다는 의미로 C++이라고 이름을 붙였습니다.
C++로 개발된 프로그램을 살펴보면, 구글 크롬, 파이어폭스, 마소 워드, 엑셀, 파워포인트, 대형 게임과 같이 성능이 중요한 프로그램에 주로 사용됩니다.

장점	단점
■ 절차지향 + 객체지향 프로그래밍을 모두 지원합니다. ■ STL(표준 템플릿 라이브러리)을 통해 빠른 개발을 지원합니다. ■ C언어의 기능을 모두 사용할 수 있습니다.	■ C언어에 대한 이해를 필요로 합니다. ■ 방대한 내용으로 학습에 많은 시간이 걸립니다.

■ C#언어

C# 언어는 마이크로소프트사에서 개발한 객체 지향 프로그래밍 언어로, 닷넷 프레임워크의 한 부분으로 만들어졌으며, 자바와 비슷한 문법을 가지고 있습니다. C++의 혼합적인(절차적+객체지향) 형태에서 온전 객체지향언어로 발전 시킨 언어입니다.
C# 언어의 이름의 의미는 C++을 계한 C++++라는 뜻으로 이를 세로로 두 개씩 붙이면 #형태가

되기 때문에 이와 같이 이름을 정했다고 합니다.

장점	단점
■ 언어의 완성도가 가장 높습니다. ■ 프로그램 개발속도가 빠릅니다. ■ WPF를 통해 뛰어난 프로그램의 UI(사용자 인터페이스)를 지원합니다. ■ C/C++라이브러리를 사용할 수 있습니다. ■ 프로그램 내 사용 메모리는 닷넷프레임워크에 의해 자동 관리됩니다. ■ 컴파일된 코드는 플랫폼에 독립적으로 실행됩니다. ■ 객체 지향 언어의 장점(상속,캡슐화,다형성,추상화)을 모두 가지고 있습니다. ■ 코드의 재사용성이 용이하고, 유지보수가 쉽습니다.	■ 닷넷프레임워크 환경 위에서 실행되다 보니 C/C++보다 실행속도가 느립니다. ■ 윈도우즈 시스템에 특화된 언어입니다. ■ 프로그램 내 사용 메모리는 닷넷프레임워크에 의해 자동 관리됩니다.

■ JAVA

자바는 객체지향 프로그래밍 언어(Object Oriented Programming)로 1991년 썬 마이크로 시스템즈에서 개발했으며 현재는 오라클에서 관리하고 있는 언어입니다.

JAVA라는 이름은 최초 개발자인 '제임스 아서 고슬링'이 JAVA COFFEE를 좋아하는 커피 마니아였기 때문에 여기에서 이름에서 가져왔다고 합니다. 그래서 로고도 커피잔 모양의 로고를 사용하고 있습니다.

개인용보다는 주로 산업계에서 많이 사용하던 자바는 안드로이드 폰의 등장으로 스마트폰에서 실행되는 다양한 앱을 개발하는 데에도 널리 사용 되고 있습니다.

자바에는 자바 개발 도구인 JDK와 풍부한 Java API를 활용해 강력한 기능의 자바 프로그램을 작성할 수 있습니다.

장점	단점
■ 언어의 완성도가 가장 높습니다. ■ 프로그램 개발속도가 빠릅니다. ■ 컴파일된 코드는 플랫폼에 독립적으로 실행됩니다. ■ 객체 지향 언어의 장점(상속,캡슐화,다형성,추상화)을 모두 가지고 있습니다. ■ 코드의 재사용성이 용이하고, 유지보수가 쉽습니다.	■ 가상머신에 의해 번역되고 실행되기 때문에 실행속도가 느립니다. ■ 프로그램 내 사용 메모리는 가상머신에 의해 자동 관리됩니다.

■ Javascript

자바스크립트(JavaScript)는 객체 기반의 스크립트 프로그래밍 언어입니다. 이 언어는 웹 브라우저 내에서 주로 사용하며, 다른 응용 프로그램의 내장 객체에도 접근할 수 있는 기능을 가지고 있습니다. 또한 서버 프로그래밍에서도 사용되고 있다.

```
<script>
function isElementInViewport (el) {
  var rect = el.getBoundingClientRect();
  return (
    rect.top >= 0 &&
    rect.left >= 0 &&
    rect.bottom <= (window.innerHeight || document.documentElement.clientHeight) && /*or $(window).height() */
    rect.right <= (window.innerWidth || document.documentElement.clientWidth) /*or $(window).width() */
  );
}
function loadLazysrc(item){
  var $item = jQuery(item);
  if ($item.hasClass("lazy-bg")){
    $item.removeClass("lazy-bg");
  } else {
    var src = $item.attr('data-lazysrc');
    $item.attr('src',src);
    $item.removeAttr('data-lazysrc');
  }
}
//lazy load images above the fold
jQuery('img[data-lazysrc],.lazy-bg').each(function(index,item){
  if ( jQuery(item).is(":visible") && isElementInViewport(item) ){
    loadLazysrc(item);
  } else if (document.URL.indexOf("lazyLoadOff=true") > -1){
    loadLazysrc(item);
  }
});
//lazy load images below the fold. Keep function available for promo service or others that may need it.
window.addEventListener('load', function(){
  jQuery('img[data-lazysrc],.lazy-bg').each(function(index,item){
    loadLazysrc(item);
  });
});
</script>
```

자바스크립트와 자바는 모두 C언어의 기본 구문에 바탕을 두고 개발되었기 때문에 구문이 유사한 점도 있지만, 사실 두 언어의 직접적인 연관성은 전혀 없습니다.

일반적으로 웹 페이지를 개발할 경우 사용자들에게 보여주는 내용은 HTML로, 디자인 부분은 CSS로, 브라우저에서 구현되는 기술적인 구현 부분은 JAVASCRIPT를 사용합니다.

장점	단점
■ 클라이언트형 스크립트이기 때문에 프로그램 실행속도를 높여줄 수 있습니다. ■ 배우기 쉽고, 프로그램 개발에 사용하기 쉬운 언어입니다. ■ 다른 프로그래밍 언어와 완벽하게 호환됩니다. ■ 풍부한 기능과 인터페이스 제공으로 개발자가 원하는 웹페이지 개발을 용이하게 해줍니다.	■ 클라이언형 스크립트이기 때문에 사용자에게 소스코드가 보이는 보안상의 단점이 있습니다. ■ 일반 프로그래밍 도구에 비해 디버깅 기능의 부족으로 인해 브라우저에서 제공하는 개발자 도구를 사용하여 디버깅해야 합니다. ■ 객체 기반 언어이지만 객체지향언어의 일부 기능 (단일상속, 접근자, 추상화기능 부재 등)만을 제공하고 있습니다.

■ Objective-C

오브젝티브-C (Objective-C)는 C 프로그래밍 언어에 객체 지향 개념을 일부 확장한 언어입니다. 현재, 이 언어는 애플의 매킨토시의 운영 체제인 OS X과 아이폰의 운영 체제인 IOS 앱 개발에 사용되고 있습니다.

C 언어의 확장이면서 여러 가지 기능을 추가했다는 측면에서 C++ 언어와 비교될 수 있으며, 기존의 객체지향프로그램과 객체 사용방법이 다르고, 오브라이딩 등이 불가하다는 특징이 있습니다.

게임코딩

Objective-C는 이름에서도 알 수 있듯이 C언어에 객체 지향개념만을 추가한 형태로서 애플기기에서 사용할 목적으로 개발된 언어라고 보면 됩니다.

이에 비해 C++은 C언어를 바탕으로 하지만 제공하는 기능과 구현범위에 있어 워낙 뛰어난 성능을 보이는 언어입니다.

장점	단점
■ C언어와 완벽하게 호환됩니다. ■ ID라는 유연한 데이터형을 제공하여 프로그래밍을 도와줌	■ 자바와 C++, C#에서 제공되는 네임스페이스를 제공하지 않아 변수이름이나 함수이름 충돌이 발생할 수 있습니다. ■ OBJECT-C로 제작하면 애플기기에서만 사용될 수 있습니다.

■ Perl

PERL(펄)은 래리 월이 만든 인터프리터 방식의 프로그래밍 언어이며, 주로 방대한 문자열을 처리하는 데 사용됩니다. 펄은 정규표현식, 구문분석 기능 제공으로 긴 문자열을 분석해 어떤 의미를 추출할 때 펄은 최적의 언어입니다. 또, PERL(펄)의 전반적인 구조는 C언어와 유사한 절차적 프로그래밍 언어입니다.

PERL의 이름은 보석의 한 종류인 진주의 영어단어인 PERAL이라는 단어와 혼동될 수 있지만 실제로는 실용적인 추출 및 보고 언어(Practical Extraction and Report Language)를 줄인 약자입니다.

장점	단점
■ 인터프리터 언어로 실행 속도가 빠름 ■ 쉬운 데이타 추출과 변환 ■ 강력한 정규 표현식, 문자열 구문 분석 기능 제공	■ 코드의 가독성이 낮음 ■ 문자열 조작 이외의 작업들은 실행속도가 매우 느림 ■ 펄이 설치되지 않은 컴퓨터에서는 실행되지 않음 ■ 메모리 사용량이 많음

■ Ruby

루비(Ruby)는 마츠모토 유키히로가 개발한 동적 객체 지향 스크립트 프로그래밍 언어입니다. 루비는 순수 객체 지향 언어라서 정수나 문자열 등을 포함한 데이터 형식 등 모든 것을 객체로 취급합니다.

루비(Ruby)라는 이름은 개발자의 탄생석에서 따온 이름이라고 합니다.

루비 개발자인 유키히로는 컴퓨터보다는 사람을 위한 언어를 만들겠다는 생각으로 만들어진 루비는 원하는 부분을 자유롭게 바꿀 수 있는 유연성을 지닌 메타 프로그래밍을 지원합니다.

출처: 루비 공식홈페이지

일본어로 되어 있어 일본에서만 인기가 있다가 루비 온 레일즈(Ruby on Rails)라는 Ruby언어를 사용하는 웹 프레임워크 등장과 일본 금융회사에서 Ruby로 만들어진 프로그램을 사용하면서 세계적인 관심을 끌게 되었습니다.

현존하는 프로그래밍 언어 중에 가장 빠르게 소규모의 웹사이트를 제작할 수 있는 언어라고 할 수 있습니다. 그리고, 프로토타입을 빨리 제작하여 보여줄 때 유리해서 미국 스타트업 기업들도 많이 사용한다고 합니다.

장점	단점
■ 쉽게 배울 수 있고, 생산성이 아주 뛰어난 언어임. ■ 인간의 언어와 유사하여 가독성이 매우 좋음. ■ 언어를 쉽게 확장시킬 수 있는 '메타 프로그래밍'을 지원함.	■ 모든 API가 일본어로 되어 있음. ■ 실행 속도가 느린 편임.

Python

파이썬(Python)은 1991년 네덜란드 출신 '귀도 반 로섬'이 개발한 동적 객체 지향 스크립트 프로그래밍 언어입니다.

출처: 파이썬 공식홈페이닝

파이썬(Python)이라는 이름은 개발자 본인이 좋아했던 코미디 프로그램 이름에서 가져왔다고 합니다.

파이썬(Python)은 초보자부터 전문가까지 다양한 사용자층이 있고, 방대한 라이브러리 제공되며, 사용설명서도 잘 제공되어 있어 세계적으로도 인기있는 프로그래밍 언어입니다.

파이썬은 태생은 개발을 위한 언어로 태어났지만, 현재는 데이터 분석, 데이타 자동화, 웹 파싱, AI 머신러닝 등에 많이 사용되고 있습니다.

장점	단점
■ Ruby와 함께 인간 친화적인 언어로 배우기 쉽고, 공동작업에 유리함 ■ 간결한 문법 사용으로 개발 속도가 빠름. ■ 방대한 라이브러리 제공으로 개발에 유리함. ■ 다른 언어나 라이브러리와 쉽게 연동이 가능함. ■ 많은 개발자로 인한 많은 오픈소스가 제공됨.	■ 컴파일 언어에 비해 속도가 느리지만 Ruby보다는 빠름. ■ 모바일(IOS,안드로이드) 앱 제작이 어려움.

■ PHP

출처: PHP 공식홈페이지

대표적인 서버에서 실행되는 오픈소스형 무료 스크립트 언어로 전 세계 수많은 웹 시스템의 기반이 되는 언어이며, 비슷한 언어로는 ASP, JSP 등이 있습니다.

PHP라는 이름은 원래 Personal Home Page Tools였는데, 지금은 PHP: Hypertext Preprocessor의 재귀 약자(순환 약자)를 사용하고 있다.

PHP는 데이터베이스와 상호작용하면서 동적(프로그래밍적)으로 웹 페이지를 생성하여 내용을 보여줍니다. 현재 PHP를 사용한 많은 무료 웹 어플리케이션(제로보드, 그누보드,워드프레스 등)이 있어, 이를 사용하면 웹사이트를 쉽게 구축할 수 있습니다.

PHP는 계속적인 업데이트를 통해 객체 지향 프로그래밍 개념과 네임스페이스를 지원하고 있습니다.

장점	단점
■ 많은 무료 웹 어플리케이션을 이용하여 쉽게 웹사이트를 구축할 수 있음. ■ 대부분의 운영체제에서 이용할 수 있음. ■ 배우기 쉬움.	■ 쉬운 접근성으로 인한 보안 문제가 있음. ■ 개인용 개발 언어로써 간단한 사이트에 최적화되어 있음.

■ HTML

출처: HTML 공식홈페이지

HTML (Hypertext Markup Language, 하이퍼텍스트 마크업 언어)는 홈페이지를 만드는 데 가장 기초가 되는 언어이며, 웹페이지의 가장 큰 특징중 하나인 하이퍼텍스트(음성, 영상, 문서 등 연결)를 가능하게 해줍니다.

HTML (Hypertext Markup Language, 하이퍼텍스트 마크업 언어)를 조금 더 구체적으로 설명하면 우리가 보는 웹 페이지가 어떻게 구조화되어 있는지 브라우저로 하여금 알 수 있도록 하는 마크업 언어라고 할 수 있습니다.

마크업 언어는 문서가 화면에 표시되는 형식의 규칙을 정의한 언어, 즉 데이터 기술(표현) 규칙에 관한 언어를 말하는 것으로, 시간의 순서에 따라 동작을 구현하는 프로그래밍 언어와는 구별됩니다.

HTML은 시작태그와 종료태그로 이루어지는 elements(요소들)로 구성되어 있으며, 이들은 적절한 방법으로 나타내고 실행하기 위해 각 컨텐츠의 여러 부분들을 감싸고 마크업 합니다.

모든 태그는 미리 정의되어 있으며, 각각의 태그와 속성을 사용하여 표현하면 여러 브라우저(익스플어오, 크롬, 사파리 등)를 통해 바로 표현 내용을 볼 수 있습니다.

태그(tag)는 웹 상의 다른 페이지로 이동하게 하는 하이퍼링크 내용들을 생성하거나 단어를 강조하는 등의 역할을 합니다.

장점	단점
■ 전용 에디터(프로그램) 없이 메모장에서도 작성 가능함. ■ 파일 용량이 적고 빠른 내용 전달이 가능함. ■ 웹문서 표준으로 호환성과 접근성이 보장됨.	■ 웹문서의 내용 표현에 집중 ■ 구조화된 정보 표현과 검색의 어려움 ■ 제한적인 태그(확장성이 없음)

■ SQL

SQL(Structured Query Language: SQL, 에스큐엘)은 데이터베이스(자료 저장소) 시스템에서 자료를 처리하는 용도로 사용되는 구조적 데이터 질의 언어(Structured Query Language)입니다.

※ 질의 = 요청

SQL은 관계형 데이터베이스 관리 시스템의 데이터를 관리하기 위해 1970년대에 IBM에서 최초로 개발된 프로그래밍 언어입니다.

SQL은 많은 데이터베이스 시스템(MySQL, MariaSQL, MSSQL, Oracle 등)에서 기본으로 제공하고 있습니다.

SQL로 데이터베이스 시스템에 접근하여 사용자가 원하는 데이터를 입력(Create)하고, 검색(Select)하고, 수정(Update)하고, 삭제(Delete)할 수 있습니다.

장점	단점
■ 많은 데이터베이스에서 사용 가능함. ■ 문법이 표준화 되어 있고, 쉽게 배워서 사용할 수 있음.	■ 예외처리를 할 수 없음. ■ 반복처리를 할 수 없음.

■ 스크래치

https://scratch.mit.edu/

스크래치(Scratch)는 아이들에게 어려운 텍스트 코딩 대신 블록 코딩이라는 방법으로 컴퓨터 코딩에 관한 경험을 쌓게 하기 위한 목적으로 MIT 미디어 연구소의 Lifelong Kindergarten Group에서

게임코딩

출처: 스크래치 공식홈페이지

제작한 교육용 프로그래밍 언어입니다.

개발자들이 직접 타이핑으로 입력하는 텍스트 코딩과 달리 레고 블록을 조립하듯이 블록을 드래그하여 프로그래밍할 수 있고, 그림, 애니메이션, 사운드 등 다양한 미디어를 사용하여 이야기, 애니메이션, 게임 등을 만들어 볼 수 있습니다.

현재 스크래치는 아이들에게 기본적인 프로그래밍을 가르치기 위해 많은 나라의 학교에서 사용되고 있습니다.

스크래치 웹사이트에서는 전 연령별 수준별로 학습할 수 있도록 코스가 제공되고 있어서 자신의 학습 속도에 맞추어 학습 할 수 있는 장점도 있으며, 만들어진 프로젝트는 다른 사람들과 공유하여 실력향상 및 협력의 도구로 활용할 수도 있습니다. 또, 다른 사람들이 만든 작품을 감상할 수 있고, 만들어진 다른 사람의 작품의 소스 코도도 함께 볼 수 있어 더욱 유용한 학습 도구가 되고 있습니다. 더불어 하드웨어와 결합하여 로봇 교육에서도 다양한 형태로 활용되고 있습니다.

참고로 스크래치는 스몰토크, 액션스크립트, JavaScript의 프로그래밍 언어를 사용하여 개발되었습니다.

장점	단점
■ 명령어가 블록으로 되어 있어 쉽게 프로그래밍을 할 수 있음. ■ 수준별 학습을 제공하므로 쉽게 배울 수 있음. ■ 결과물을 전세계 사람들과 공유할 수 있음.	■ 오류수정을 위한 디버깅이 쉽지 않음. ■ 단순 공개외 제품으로 만들어 사용이 불가함. ■ 초등학교 수준의 코딩교육에 적합함.

■ 엔트리 (Entry)

출처: 엔트리 공식홈페이지

https://playentry.org/

엔트리는 네이버 커넥트재단에서 운영하고 있는 비영리 소프트웨어 교육용 플랫폼입니다.

2015 개정 교육과정에 따라 교육용 프로그램으로 채택되어 현재 다수의 학교에서 소프트웨어 교육에 활용하고 있는 블록코딩형 교육용 프로그래밍 언어입니다.

엔트리의 특징은 위의 스크래치와 거의 유사하기는 하지만 우리나라에서 개발된 프로그램이다 보니 대부분의 사용자들이 우리나라 사용자들이라 소통하기가 수월하고, 프로그램에서 사용하는 용어들 또한 모두 한글로 되어 있어 사용하기가 훨씬 수월합니다.

2 대표적인 소프트웨어 개발 프로그램

무엇을 배울까요?	■ 소프트웨어를 개발할 수 있는 개발 프로그램에 대해 알 수 있게 됩니다.
	#비주얼스튜디오, #안드로이드스튜디오, #SWIFT

■ 비주얼 스튜디오 (Microsoft Visual Studio)

<출처: 비주얼 스튜디오 공식 홈페이지>

https://visualstudio.microsoft.com/ko/downloads/

1997년부터 현재까지 마이크로소프트사가 제작하여 배포 및 판매 중인 통합 개발 패키지 프로그램으로 윈도우즈 환경에서 작동되는 데스크톱 애플리케이션과 웹 애플리케이션 뿐만 아니라 안드로이드, IOS에서 작동되는 모바일 어플리케이션까지 개발할 수 있습니다.

비주얼 스튜디오로 사용할 수 있는 프로그래밍 언어로는 Visual Basic, C/C++, MFC, C#, ASP, J# 등이 있습니다.

비주얼 스튜디오를 활용하여 할 수 있는 일들을 살펴보면 웹 사이트 개발부터 데스크탑 프로그램, 모바일 앱(App) 개발과 오류수정을 위한 디버깅 / 사용자들에게 배포 / 프로그램 변경과 업데이트를 위한 유지보수까지 모든 개발 작업에서 사용됩니다.

Visual Studio를 사용한 개발

웹 및 클라우드	데스크톱 및 모바일	게임	기타 도구 집합
웹 개발	Windows 앱 개발	Unity를 사용한 게임 개발	Visual Studio 확장 개발
Azure 개발 및 관리	.NET 데스크톱 개발	C++을 사용한 게임 개발	C++를 사용한 Linux 개발
Python	C++를 사용한 Windows 개발		.NET Core 플랫폼 간 개발
Node.js	.NET을 사용한 모바일 개발(Xamarin)		
데이터 스토리지 및 처리	C++를 사용한 모바일 개발		
데이터 과학	JavaScript를 사용한 모바일 개발 (Visual Studio 2017 and 2015 only)		
Office/SharePoint 개발			

작업

개발	빌드	디버그	테스트
코드 편집기를 사용하여 코드를 작성하고 관리합니다.	소스 코드를 컴파일하고 빌드합니다.	코드에서 버그를 조사하고 수정합니다.	프로젝트에서 테스트를 실행합니다.
배포	버전 제어	DevOps	성능 측정
웹 배포, InstallShield, NuGet 연속 통합 등을 사용하여 앱을 코드를 공유합니다.	Git 및 GitHub 같은 버전 제어 기술을 사용하여 코드를 공유합니다.	클라우드에서 앱을 지속적으로 빌드 및 릴리스하고 Azure DevOps Services로 Agile 사례를 구현하세요.	변수 상태를 식별하고 진단 도구를 사용하여 코드 성능을 최적화합니다.
확장	데이터	공동 작업	Docker 컨테이너를 사용하여 개발
개발 환경을 개선하기 위해 Visual Studio IDE에 고유한 기능을 추가합니다.	로컬, 클라우드 등 어디서나 모든 데이터베이스 또는 서비스에 연결하는 데이터 앱을 만듭니다.	실시간 공동 작업 환경에서 코드를 공유 편집, 디버그 합니다.	Docker 컨테이너를 사용하여 응용나 구성 요소를 격리하고 확장성을 향상시킵니다.

<출처: 마이크로소프트 비주얼 스튜디오 홈페이지 >

비주얼 스튜디오는 상용(유료)인 Pro 버전과 무료인 커뮤니티 버전이 있습니다. 무료 버전(커뮤니티)은 마이크로소프트사 홈페이지에서 다운로드를 받아서 설치하여 사용할 수 있으며 기능 또한 상용과 거의 동일합니다.

게임코딩

비주얼 스튜디오 버전별로 사용 제한을 보면 커뮤니티는 학생 및 개인 개발자가 무료로 사용하고, 프로페셔널 버전은 작은 기업이나 소규모 프로젝트 팀에서 사용하며, 엔터프라이즈 버전은 대규모 개발팀에서 사용하는 버전이라고 할 수 있습니다.

지원되는 기능	Visual Studio 커뮤니티 무료 다운로드	Visual Studio Professional 구입	Visual Studio Enterprise 구입
지원 사용 시나리오	●●●○	●●●●	●●●●
개발 플랫폼 지원	●●●●	●●●●	●●●●
통합 개발 환경	●●●○	●●●○	●●●●
고급 디버깅 및 진단	●●○○	●●○○	●●●●
테스트 도구	●○○○	●○○○	●●●●
크로스 플랫폼 개발	●●○○	●●○○	●●●●
협업 도구 및 기능	●●●●	●●●●	●●●●

<출저: 마이크로소프트 비주얼 스튜디오 >

비주얼 스튜디오는 웹 / 데스크탑(PC) / 모바일 개발을 위해 많이 사용되고 있으며, 특히 유니티(Unity) 게임엔진을 이용하여 모바일 게임을 개발하려고 할 때는 반드시 사용해야하는 좋은 편집기입니다.

■ 안드로이드 스튜디오 (Android Studio)

https://developer.android.com/studio/install?hl=ko

구글이 안드로이드 앱 개발을 위해 만든 통합 개발 환경(IDE) 프로그래밍 도구(프로그램)입니다. 2014년 10월부터 '이클립스'라는 안드로이드 개발 전용 프로그램을 대체해 안드로이드의 공식 통합 개발 도구(IDE)가 되었으며, 현재 안드로이드 스튜디오 공식사이트를 통해 무료로 제공되고 있습니다.

안드로이드 스튜디오 프로그램은 Windows, macOS, Linux 운영 시스템에서 모두 설치하여 사용할 수 있습니다.

<출처: 안드로이드 스튜디오 >

안드로이드 스튜디오에서 제공하는 주요 기능과 특징은 다음과 같습니다.

가. 시각적 레이아웃 편집기를 통해 앱(App)이 모바일에서 보여질 레이아웃 디자인을 쉽게 제작할 수 있습니다.

나. 지능형 코드 편집기를 통해 코드 완성 보조기능을 통해 다 빠르게 코드를 작성하고, 작업할 수 있습니다.

다. 개발된 코드는 배포 전에 에뮬레이터를 통해 실제 기기와 같이 앱을 설치하고 실행하여 시뮬

레이션해 볼 수 있습니다.

라. 내장된 프로파일러 도구를 통해 앱의 CPU사용, 메모리, 네트워크 사용에 대해 추적하고 확인할 수 있습니다.

■ SWIFT

<출처: 애플 개발자 홈페이지>

https://developer.apple.com/kr/swift/

Swift는 애플의 macOS, iOS, watchOS, tvOS용 어플리케이션 개발을 위한 프로그래밍 언어입니다.

2014년 6월 애플 세계 개발자 회의에서 처음 소개되었으며, 초장기 오브젝트-C의 단점을 보완하고, C언어의 함수형 프로그래밍에 현대 프로그래밍의 객체지향의 개념을 추가시켜 만들어졌습니다.

Swift의 특징으로는 Safe(엄격한 문법을 적용해 실수를 방지함), Fast(C언어 수준과 동등한 성능으로 유지하는 데 초점을 둠), Expressive(문법적 표현력이 높아 사용하기 편하고 보기 좋은 문법)를 이야기할 수 있습니다.

3 대표적인 게임 개발 프로그램

무엇을 배울까요?	■ 게임을 개발할 수 있는 다양한 게임 개발 프로그램에 대해 알게 됩니다.
	#유니티, #언리얼, #게임메이커스튜디오(GMS) ,#코코스2d-x, #크라이엔진

<출처: 마인크래프트 홈페이지>

마인크래프트, 좀비고, 던전앤파이터, 스타크래프트, 포맷몬 고, 리니지, 배틀그라운드, 로블록스, 모탈컴벳 등 게임을 좋아하는 사람이라면 한 번쯤은 들어 보았을 만한 세계적으로 인기 있는 게임들입니다.

이렇게 인기있는 게임들에게는 중요한 공통점이 있습니다.

남녀노소 누구나 좋아한다는 것 ＋ 게임엔진으로 제작된 게임

여기서 게임엔진이란 게임 속 그래픽, 사운드, 물리현상, UI(사용자 인터페이스) 등을 제작할 때 사용되는 게임 제작 플랫폼을 말합니다. 만약 여러분이 게임엔진없이 게임을 만들려고 한다고 생각해볼까요? 각자 조금씩 다를 수 있겠지만 게임 제작과정에서 마주하게 될 가장 어려운 부분은 아마도 현실 속 물리현상(충돌, 낙하, 가속, 중력 등)을 게임 내에서 표현하는 것일 겁니다. 게임 내에서 자연스럽게 표현하기 위해서는 수학과 물리(과학)에 상당한 지식을 갖추고 있어야 하니 생각만 해도 벌써 가슴이 답답해지시죠? 그러나 우리들은 이런 걱정을 할 필요가 없습니다. 우리들의 게임개발 과정에서 필요한 그래픽 엔진, 물리 엔진, 오디오 엔진, UI 시스템, 프레임워크를 통합적으로 갖춘 멋진 게임엔진(게임 개발프로그램)들이 세상에 너무나 많이 있기 때문입니다. 우리는 이렇게 멋진 게임엔진(게임 개발프로그램)의 사용법을 잘 익혀서 사용하기만 하면 됩니다.

이제 멋진 게임엔진(게임 제작프로그램)들에 대해 자세히 알아볼까요?

■ 유니티(Unity)

https://unity.com/

유니티(Unity)는 3D 및 2D 게임 개발을 지원하는 게임엔진일 뿐만 아니라 3D 애니메이션, 시뮬레이션, 가상현실(VR) 등의 컨텐츠 제작을 위한 통합 개발 프로그램입니다.

유니티는 2005년 '게임 개발의 대중화'를 목표로 누구나 사용 가능한 보급형 게임엔진으로 처음 서비스를 시작하였습니다.

처음에는 애플 게임개발 전용 엔진으로 최초 공개되면서 애플 컴퓨터에서만 사용 가능했으나, 2010년부터는 스마트폰뿐만 아니라, XBOX 360, Wii 같은 게임기용 개발 프로그램으로도 쓰이게 되면서 인기가 높아졌습니다.

<출처: 유니티 공식 홈페이지>

유니티 공식 홈페이지에서는 유니티 프로그램을 사용하기 위한 다양한 플랜들을 제공하고 있습니다. 개인들은 무료 퍼스널판 버전을 이용해도 거의 기능 제한없이 무료 사용 및 배포할 수 있습니다

유니티는 현재 전세계에서 가장 인기있는 게임엔진(게임 개발 프로그램) 중 하나입니다.

2D, 3D의 다양한 게임 개발 기능을 제공하며, 내장된 에셋스토어를 통해 추가적으로 기능을 다운로드하거나 리소스를 다운로드하여 사용할 수 있습니다. 그 외 유니티 사이트에서 유니티 사용을 위한 다양한 학습 영상을 제공하고 있어서 이를 통해 유니티를 조금 더 쉽게 배울 수 있습니다.

개발자들이 유니티 내에서 게임 개발에 사용하는 프로그래밍 언어는 C#과 자바스크립트이며, 비주얼 스튜디오와 모노디벨로프(자체 제공)라는 별도의 프로그램을 통해 프로그래밍할 수 있습니다.

대형 게임 프로젝트와 고사양 게임 개발에 사용되고 있는 언리얼 게임엔진에 비해 유니티는 비용이 매우 저렴하고, 비교적 쉽게 게임들을 만들어 낼 수 있기 때문에 많은 개발자들의 각광을 받고 있습니다. 현재 고수준의 3D 그래픽 게임의 언리얼과 일반수준 이상의 3D 그래픽 게임의 유니티가 3D 게임 개발시장을 양분하고 있습니다.

■ 언리얼(Unreal)

<출처: 언리얼 공식 홈페이지>

https://www.unrealengine.com/

언리얼(Unreal)은 1994년에 미국의 에픽게임즈사의 첫 게임인 "언리얼"을 개발할 목적으로 자체 개발하여 사용한 3D 게임엔진이었습니다. 이후 많은 개발사들이 대작 게임개발에 언리얼 게임엔진을 사용하면서 많은 주목을 받았습니다. 우리나라에서 오랫동안 인기를 얻고 있는 '리니지2'와 '배틀그라운드'가 이 게임엔진으로 개발한 대표적인 게임들이라고 할 수 있습니다.

언리얼(Unreal)은 3D 게임개발뿐만 아니라 3D 애니메이션, 시뮬레이션, 가상현실(VR) 등의 컨텐츠 제작을 지원하는 통합형 개발 프로그램입니다. 언리얼에서 개발자들이 사용할 수 있는 프로그래밍 언어에는 언리얼 스크립트, JAVA, C#이 있습니다.

언리얼은 뛰어난 그래픽 성능과 텍스트 코딩 없이도 코딩할 수 있는 비주얼 스크립팅이 가능한 블루프린트라는 강력한 기능을 제공하고 있습니다. 반면에 뛰어난 그래픽 성능을 제공하기 위해 개발자들에게 고사양의 컴퓨터 성능을 요구하고 있습니다.

언리얼은 뛰어난 그래픽 처리능력으로 인해 게임 제작 외에도 영화의 컴퓨터 그래픽(CG처리), 애니메이션, 건축 설계, AR(증강현실), VR(가상현실) 등 다양한 분야에서 널리 사용되고 있습니다.

2015년 3월부터는 언리얼 게임 엔진을 무료로 사용할 수 있게 되면서 많은 개발자들이 현재 무료로 사용하여 멋진 게임을 개발하고 있습니다.

■ 게임메이커 스튜디오(Game Maker Studio)

https://www.yoyogames.com/

<출처: 요요게임즈 홈페이지>

게임메이커 스튜디오(Game Maker Studio)는 영국 소프트웨어 개발사인 요요 게임즈(Yoyo Games)에서 1999년에 제작한 역사가 깊은 게임엔진입니다. **게임메이커 스튜디오를 게임개발의 입문용으로 추천하는 가장 큰 이유 는** 요즈음 학생들이 많이 배워서 익숙한 스크래치 / 엔트리와 같은 교육용 프로그램처럼 코드블록을 이용하여 드래그하는 방식으로 게임개발도 가능하여 쉽게 게임을 개발할 수 있다는 것입니다.

게임메이커 스튜디오에서 게임 프로그래밍에 사용하는 스크립트 언어는 GML이라는 게임메이커만의 자체적인 스크립트 언어를 사용하지만, C 프로그래밍 언어처럼 간결하면서도 필요한 건 다 구현하고 표현할 수 있는 프로그래밍 언어이기 때문에 일반적으로 블록코딩이나 텍스트 코딩을 경험해 본 사람이라면 금방 사용할 수 있습니다.

게임 제작에 있어서 필요한 스크립트는 GML을 사용하여 직접 입력하는 방식과 코드블럭을 이용하여 코드를 사용하는 혼합 제작 방식을 지원하여 개발자들의 실력에 맞게 유연하게 게임을 제작 할 수도 있습니다.

게임메이커 스튜디오에서는 자체 스프라이트를 만들기 위한 이미지 편집기 및 타일 세트를 사용하는 기능, 사운드 편집기와 같은 여러 가지 강력한 도구가 포함되어 있어서 그야말로 통합 게임 개발 프로그램이라고 할 수 있습니다.

게임메이커 스튜디오는 여러가지 게임 플랫폼들 중에서 특히 빠르고 직관적인 방법으로 프로토타입 형태 제작뿐만 아니라 새롭고 재미있는 게임을 쉽고 빠르게 제작할 수 있는 게임엔진입니다. 물론 3D 게임도 개발 가능하지만 2D 게임 개발을 위한 도구로 주로 사용되며 멀티 플랫폼(PC, 웹, IOS, Android 등)에서 사용 가능한 게임을 빠르게 제작할 수 있습니다.

■ Cocos(코코스) 2D

https://www.cocos.com/en/

코코스 2D 게임엔진은 2008년 아르헨티나의 여러 개발자들이 만든 오픈 소스 게임엔진입니다. 이

<출처:코코스 공식 홈페이지>

게임엔진은 나중에 여러 게임엔진으로 변형되었는데, 이후 중국 개발자 왕저가 하나의 소스코드로 다양한 기기에서 쉽게 실행되도록 코코스2D 엔진을 확장하여 코코스2d-x라는 게임 엔진을 새롭게 내놓았습니다.

이 게임엔진은 초보자도 쉽게 게임을 개발할 수 있을 정도로 2D 게임을 쉽게 구현할 수 있습니다. 우리가 잘 아는 '쿠키런', '모두의 마블', '제노니아5' 등의 게임이 바로 이 게임엔진으로 개발된 대표적인 국내 게임들입니다.

Cocos 2D 게임엔진에서는 C++ 프로그래밍언어를 사용하고 있으며 비주얼스튜디오를 같이 설치해주어야 게임 코딩이 가능합니다. Cocos 2D 게임개발 프로그램은 3D 기능도 제공하고 있지만, 게임메이커 스튜디오와 같이 2D 게임개발에 최적화되어 있는 게임개발 프로그램입니다. 현재 이 프로그램은 무료로 기능제한없이 사용할 수 있습니다.

■ 크라이엔진(CryEngine)

https://www.cryengine.com/

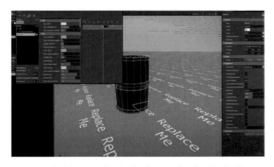

<출처: 크라이엔진 공식 홈페이지>

크라이엔진은 독일의 게임 개발사인 크라이텍사에서 일인칭 슈팅 게임 '파크라이'를 제작하기 위해 자체 제작한 게임엔진입니다. 크라이엔진으로 제작한 대표적인 국내 게임으로는 NC소프트사에서 만든 '아이온 영혼의 탑'과 위메이드사에서 만든 '이카루스', 넥슨사의 '워페이스'가 이 게임엔진으로 만들어졌습니다.

이 게임엔진의 제작 배경에는 그래픽회사의 그래픽카드 성능 테스트를 위한 게임을 개발하면서 출발되었다고 알려져 있으며, 크라이엔진이 일반 대중에게 많이 알려져 있지 않은 이유 중 하나는 일반 개발자들이 개발에 사용하기 어려운 게임엔진으로 알려져 있기 때문입니다.

크라이엔진의 장점으로는 지형, 배경 처리, 넓은 가시거리, 자연환경 묘사 등의 고퀄리티의 그래픽을 구사할 있다는 점입니다. 더불어 저렴한 가격과 모바일 게임 제작 지원으로 사용자 층을 점차 넓혀가고 있는 추세입니다.

2D 게임개발 추천 게임엔진	3D 게임개발 추천 게임엔진
게임메이커 스튜디오, 코코스 2D-X, 크라이엔진 등	유니티, 언리얼 등

4 게임 프로그래밍을 위한 기초 지식

무엇을 배울까요?	■ 게임 프로그래밍을 하기 위한 기초 지식을 익힐 수 있습니다.
	#프로그래밍이란, #변수, #함수, #제어문, #표현식

■ 프로그래밍이란

프로그래밍(Programming)이란 특정한 일을 수행하기 위한 명령어들의 모음인 프로그램(Program)을 만드는 작업을 말합니다. 일반적으로 우리는 이렇게 만들어진 프로그램들을 소프트웨어(Software)라고 합니다. 기본적으로 소프트웨어 개발자는 '프로그래밍 언어(Programming Language)'를 사용하여 소프트웨어를 만들 수 있습니다.

프로그래밍 언어는 대부분 알파벳과 숫자, 기호로 이루어져 있습니다. 사실 컴퓨터는 0과 1만을 이해할 수 있지만 우리는 0과 1의 나열로 프로그램을 작성할 수 없기 때문에 우리가 이해하기 쉬운 언어(코드)를 사용하여 프로그래밍을 하게 됩니다.

이러한 프로그래밍 언어를 이용하여 프로그래밍을 잘 하기 위해서는 우리가 반드시 알아야 할 기초 지식들이 있습니다. 그 중에서도 게임 프로그래밍을 하기 위해 반드시 알아야 할 기본적인 지식을 중심으로 알아보도록 하겠습니다.

■ 변수 (variable)

프로그래밍에서 사용하는 변수란 어떤 데이터(문자, 숫자, 문장 등)를 저장하기 위해 운영체제 시스템으로부터 할당받은 메모리 공간에 접근하기 위한 이름(대문에 붙어 있는 집주인 명패 같은 것)을 의미합니다. 즉, 어느 동네 누구의 집이라고 하면 그 집을 가르키 듯이 프로그래밍에서 변수라는 것을 사용하면 그 메모리 공간에 저장된 값을 바로 사용할 수 있게 됩니다.
여기서 변수의 '변'은 이름에 대입된 값이 변할 수 있다는 의미입니다.

제일 처음에 변수를 선언(사용하겠다고 알려주는 것)하면 컴퓨터 내부적으로 메모리에 값을 저장할 수 있는 공간을 만듭니다. 그런데 메모리의 특정 공간에 바로 접근하려면 주소를 알아야 하는데 메모리에 붙어 있는 주소형식(0x1????????)은 여러분이 기억하고 사용하기에는 너무 어렵죠? 그래서 우리는 변수를 통해 메모리 주소에 접근할 수 있고, 메모리에 들어있는 값을 자유롭게 사용할 수 있게 됩니다.

변수를 선언하면 시스템에서는 해당 변수의 데이터형에 맞는 메모리 공간을 먼저 확보합니다. 변수의 초기값이 있으면 해당 메모리 공간에 값을 대입하여 해당 변수명으로 해당 값을 사용할 수 있게 됩니다.

- Score = 100 ⇨ 변수 Score에 100이라는 값이 있다
- Name = "ABC" ⇨ 변수 Name에 "ABC"라는 값이 들어 있다.
- Money = "2000원" ⇨ 변수 Money에 "2000원"이라는 값이 들어 있다.

변수는 선언하는 위치에 따라서 사용범위가 제한됩니다. 보통 변수 앞에 특별한 지정자(키워드)가 붙지 않고 사용한다면 { 중괄호 시작과 중괄호 끝 } 범위 안에서 사용된다고 생각하시면 됩니다.

변수의 이름을 만들 때에는 그 변수가 사용되는 용도와 역할에 맞게 이름을 붙이게 됩니다. 예로 점수로 사용하려면 score, 생명으로 사용하려면 life, 모은 돈은 money 라는 변수로 이름을 지을 수 있겠죠?

변수 선언 방법	
var score;	■ score라는 변수를 선언합니다. ■ var를 붙이게 되면 함수 범위 내에서만 사용하는 변수가 됩니다. ■ 일시적으로 사용되는 변수의 경우에는 var를 사용하지 않는다면 메모리를 계속 차지하고 있게 되겠죠?
score;	■ score라는 변수를 선언합니다.
var score = 10;	■ score라는 변수에 10이라는 값을 초기화합니다.
score =10;	■ score라는 변수에 10이라는 값을 대입니다.

변수 사용 방법	
score = 20;	■ score라는 변수에 20이라는 값을 대입합니다.
score = score + 20;	■ score = 20 + 20 이라는 계산식을 적용하여 score는 40이라는 값으로 변경됩니다.

■ 함수(Function)

함수라고 하는 것은 컴퓨터 프로그램에서 어떤 작업(역할)을 수행하기 위해 작성된 명령문(코드의 집합)이라고 할 수 있습니다.

개발과정에서 사용하는 함수들은 개발 프로그램(게임엔진)에서 기본적으로 제공하는 내장함수들도 있고, 개발자가 원하는 작업(역할)을 수행하는 함수가 없을 경우에는 개발자가 직접 만들어 사용하는 함수도 있습니다.

보통 게임 개발프로그램들은 게임 제작에 필요한 많은 함수들을 제공하고 있으며, 개발자는 이들을 사용 방법에 알맞게 사용하면 빠르고 편리하게 게임을 개발할 수 있습니다.

함수를 호출하는 방법은 함수가 정의된 형태에 따라 차이가 있을 수 있습니다. 어떤 함수의 경우 필요로 하는 변수 값을 전달해야 하는 경우도 있습니다.

함수 정의 방법	

function 함수이름 (){
　　-----실행할 코드내용---------
　　---------------------------- 	
　　---------------------------- 	
}
	■ function : 게임메이커 스튜디오에서 함수를 정의할 경우 funciton이라는 키워드를 사용합니다.
	
	■ **함수 이름** : 함수 이름은 보통 사용자가 임의로(원하는 대로) 붙일 수 있습니다. 일반적으로 함수의 기능을 설명할 수 있는 단어를 사용하여 이름을 짓는게 좋습니다.

function 함수이름 (변수, 변수,,,,){
　　-----실행할 코드내용---------
　　---------------------------- 	
　　---------------------------- 	
}
	■ function (변수, 변수) : 변수가 없을 경우에는 빈 괄호를 사용하면 되고, 변수가 있을 경우 그 개수에 맞게 변수를 사용하면 정의하면 됩니다. 변수의 이름은 일반적으로 전달하는 값의 성격과 의미에 맞게 이름을 지어주면 됩니다.

함수 사용(호출) 방법	
함수이름()	■ 해당 함수를 호출하여 해당 명령문을 실행합니다.
함수이름(변수,변수)	■ 변수에 값을 넣어서 함수를 호출하여 해당 함수를 실행합니다.

■ 제어문

프로그래밍에서 명령문의 흐름을 제어할 수 있도록 도와주는 실행문을 의미합니다. 이러한 제어문에는 기능에 따라 3가지로 나누어 볼 수 있습니다.

가. 조건문 : 특정 조건에 따라 실행문을 실행시킬 수 있습니다.
　　　　　(if 문 / else 문 / else if 문)

나. 선택문 : 표현식이 일치하는 경우에만 특정 실행문을 실행시킬 수 있습니다.
　　　　　(switch ~ case문)

다. 반복문 : 실행문을 지정한 횟수만큼 반복해서 실행시킬 수 있습니다.
　　　　　(while 문 / for 문 /repeat 문)

우리가 라면을 끓인다고 해봅시다. 사람들마다 라면을 끓이는 순서가 다를 수 있을 겁니다. 사람마다 조금씩 다를 수 있겠지만 가장 일반적인 방법으로 설명해보겠습니다.

■ 라면을 끓이는 순서 : 물을 받음 -> 물을 끓임 -> 물이 끓고 있으면 라면을 원하는 개수만큼 넣음 -> 스프를 원하는 개수만큼 넣음 / 파를 썰어서 넣음 / 계란을 풀어서 넣음 -> 라면이 끓을 때 까지 기다리기 -> 익었으면 먹기

위의 요리순서를 자세히 보면 라면을 넣기 전에 특정한 조건이 있습니다. 이러한 조건이 만족될 때 라면을 넣어야 된다고 해 봅시다. 이 경우에 우리는 **조건문**이라는 것을 사용할 수가 있습니다.

라면 3개를 끓이고 있다면 면을 넣는 것을 1개씩 반복해서 3번을 넣어야 합니다. 이런 경우에 우리는 **반복문**이라는 것을 사용할 수가 있습니다.

그 외에 라면 스프, 계란, 파 등의 첨가물을 넣는다고 했을 때 각각의 넣는 방법이 다르다면 넣는 재료에 따라 넣는 방법을 다르게 정의할 수 있을 것입니다. 이 경우 우리는 **선택문**이라는 것을 사용할 수 있겠습니다.

조건문 사용방법	

if(물이 끓는가?==true)
　　라면을 넣는다();
else
　　기다린다();
	조건이 참(True)일 경우에는 if안에 있는 명령들을 실행하게 되고,
	조건이 거짓(False)일 경우 else안에 있는 명령들을 실행하게 됩니다.

if(물이 끓는가?==true)
　　라면을 넣는다();
else if(가스불이 꺼져 있는가?==true)
　　가스 불을 켠다();
else
　　기다린다();}
	조건이 여러 개일 경우 if 다음에 else if를 사용하여 계속하여 조건을 확인할 수 있습니다.
	
	그리고 더 이상 확인할 조건이 없을 경우 else로 처리해주시면 됩니다.

선택문 사용방법	

``switch(첨가물){
  case 쌈장:
    쌈장을 물에 풀어서 넣는다();
    break;
  case 파:
    파를 잘라서 넣는다();
    break;
  case 계란:
    계란을 풀어서 넣는다();
    break;
  default:
    스프를 넣는다();
    break;
}```
	첨가물 변수값을 확인하여 쌈장일 경우, 파일 경우, 스프일 경우, 계란일 경우로 나누어 선택적으로 명령문이 실행되게 됩니다.
	
	default는 위의 선택문에서 일치하지 않는 조건일 경우 무조건 실행되도록 하는 구문입니다.
	
	default 대신에 case 스프를 사용해도 되지만 확인하는 범위가 좁아지겠죠?

반복문 사용방법	

``for(var I = 0 ; I < 3 ; i++)
{
    라면을 넣는다();
}```
	i 라는 변수가 3이 될 때까지 반복해서 "라면을 넣는다()"라는 명령문을 실행하는 반복문입니다.
	변수 I앞에 var를 붙이면 for구문 안에서만 사용할 수 있는 변수가 됩니다.
	for(var I = 0 ; I < 3 ; i++) 대신에 repeat (3)을 사용해도 됩니다.

``while (넣을 라면이 남아 있느냐)
{
    라면을 넣는다();
}```
	while의 경우 조건이 참일 경우 횟수 제한 없이 계속 실행하게 되고, 조건이 거짓이 되면 반복을 종료하게 됩니다.

■ 표현식과 연산자 설명

표현식은 일반 숫자, 변수, 문자열 또는 함수와 하나 이상의 연산자 (더하기, 빼기, 곱하기 등)를 포함 할 수 있는 수학 문구입니다. 표현식에 사용되는 값은 실수 (예 : 3.4 * 6), $ 기호 (예 : $00FFAA | $88FFAA)로 시작하는 16진수, 큰 따옴표 사이의 문자열(예 : "hello" + "world") 또는

더 복잡할 수 있습니다.

연산자는 개별적으로도 사용되지만 하나의 표현식에 여러 개의 연산자가 같이 사용될 수 있습니다. 우리가 반드시 알아야 할 표현식에서 사용되는 연산자는 크게 다음과 같습니다.

구분	종류	설명
할당연산자	=	변수에 값을 할당(넣는 것)하는 데 사용됩니다 예시) spacing = 25 , result = 25 * val, card_name="Space A"

결합연산자	&&(AND)
	||(OR)
		두 개의 논리에 대해 참(true)과 거짓(false)을 판단하는데 사용됩니다.
		
		예시)
		if(a == b && c == d) { 실행할 코드 }
		a == b 가 **참(true)** 이고, c == d도 **참(true)** 이라면
		두 조건식이 모두 참일 때만 { } 안의 코드가 실행됩니다.
		
		if(a == b || c == d) { 실행할 코드 }
		a == b 가 참(true) 이거나 c == d도 참(true) 이라면
		두 조건식 중 한 조건식만 참이라면 { } 안의 코드가 실행됩니다.

비교연산자	< , <= , ==
	!= , > , >=
		두 값을 비교하여 참(true)과 거짓(false)을 판단합니다.
		
		예시) a = 6 , b = 4
		if (a < b) { 실행할 코드 }
		a 가 b보다 작다면 {} 안의 코드가 실행됩니다.
		if (a <= b) { 실행할 코드 }
		a 가 b보다 작거나 같다면 {} 안의 코드가 실행됩니다.
		
		if (a == b) { 실행할 코드 }
		a 가 b와 같다면 {} 안의 코드가 실행됩니다.
		if (a != b) { 실행할 코드 }
		a 와 b가 같지 않다면 {} 안의 코드가 실행됩니다.
		if (a > b) { 실행할 코드 }
		a 와 b가 크다면 {} 안의 코드가 실행됩니다.
		if (a >= b) { 실행할 코드 }
		a 와 b가 크거나 같다면 {} 안의 코드가 실행됩니다.

산술연산자	+ , - , * , /	(+)더하기, (-)빼기, (*)곱하기, (/)나누기를 할 때 사용합니다. 예시) answer = 10 + 5 10 + 5는 answer에 15라는 값이 들어갑니다. answer = 10 - 5 10 - 5는 answer에 5라는 값이 들어갑니다. answer = 10 * 5 10 * 5는 answer에 15라는 값이 들어갑니다. answer = 10 / 5 10 / 5는 answer에 2라는 값이 들어갑니다.
증가/감소 연산자	++ , --	현재 값에서 하나를 더하거나 뺄 때 사용합니다. 예시) a = 8; a++ 또는 ++a a라는 값에 1을 더했으므로 a는 9가 됩니다. a-- 또는 --a a라는 값에 1을 빼기했으므로 1는 7이 됩니다.
단항연산자	!	not (부정, 반대) 할 때 사용되는 연산자입니다. 예시) a = false b = !a b에는 a의 부정(반대)의 값이 들어가므로 true가 됩니다.
기타연산자	div % mod	div : 어떤 수를 나눌 때 값을 나머지가 없는 몫만 구할 때 사용하는 연산자입니다. % : 어떤 수를 나눌 때 나머지만 구할 때 사용하는 연산자입니다. mod: %와 동일한 기능을 하는 연산자입니다 예시) a = 60 div 7 60을 7로 나누면 몫이 8이고 나머지가 4가 나옵니다. 그래서 원래 정확한 값으로는 8.5714... 이라는 값이 나오지만 여기서는 a에 8이라는 값만 들어 있게 됩니다. a = 60 mod 7 a = 60 % 7 60을 7로 나누면 몫이 8이고 나머지가 4가 나옵니다. 나머지 연산자이므로 a라는 변수에는 4라는 값만 들어 있게 됩니다.

다양한
표현식
예시
	하나의 표현식에는 하나의 연산자만 들어갈 수도 있지만 여러 개의 연산자가 포함될 수도 있습니다.
	
	예시)
	 x = 23 div 2;
	23나누기 2의 몫만 구하므로 x는 11이 됩니다.
	
	 str = "hello" + " world";
	 str에는 hello world라는 문자열이 들어갑니다.
	
	 y += 5;
	y의 값을 현재의 값에서 5 더 증가 시킵니다.
	y=5와는 다릅니다.
	
	 x = 23 * ((2 + 4) / 3);
	 x는 46이라는 값이 들어있게 됩니다.
	
	 b = (x < 5) && !(x == 2);
	x가 5보다 작고, x가 2가 아니라면 b에는 true, 두 조건식 중에 하나라도 false이면 b에는 false 값이 들어갑니다.

GameMaker Studio 사용하기

GameMaker Studio는 윈도우즈와 mac OS 모두에서 사용 가능하며, 누구나 사용할 수 있을 만큼 쉬운 사용법으로 멀티 플랫폼(윈도두, OS X, iOS, 안드로이드, 리눅스, 웹 등)용 게임을 제작할 수 있는 통합 게임 개발 프로그램입니다.

1 GameMaker Studio 설치하기

무엇을 배울까요?	■ 게임개발을 위한 GameMaker Studio를 설치하여 게임을 개발하기 위한 사용환경을 구축할 수 있게 됩니다.
	#GMS 다운로드, #GMS 설치하기, #GMS 개발 환경 구축

■ 설치 요구사항 확인

GameMaker Studio 설치를 위해서는 일반 PC의 Windows(윈도우즈) 운영체제와 Apple PC의 Mac OS의 운영체제 별로 최소한의 설치 사양을 필요로 합니다.

윈도우즈 운영체제	Windows에서의 게임메이커 스튜디오 설치를 위해 사전에 .NET 및 Visual C++ 런타임 설치 후 프로그램 설치가 진행됩니다. ■ Windows 10 이전 버전에는 설치되지 않습니다. ■ 듀얼 코어 CPU와 2GB 이상의 메모리 ■ 3GB이상의 하드디스크 공간 ■ 그래픽 카드

Mac OS	macOS에서의 게임메이커 스튜디오 설치를 위해 사전에 Mono Framework 설치 후 프로그램 설치가 진행됩니다. ■ Quad Core CPU와 8GB 메모리 ■ 그래픽 카드

■ 설치하기

※브라우저 주소란의 구글 번역기를 사용한 화면입니다.   < 이미지 출처: 요요게임즈 공식홈페이지 >

01.

■ 요요게임즈 공식 홈페이지 (https://www.yoyogames.com/en)에 접속합니다.

■ 사용자 계정을 생성합니다.

■ 이메일 인증을 받습니다.

■ 생성한 계정으로 로그인합니다.

02.

■ 요요게임즈 홈페이지 상단 메뉴(GameMaker – Pricing)으로 이동하여 라이센스를 선택할 수 있습니다.

■ 연습용으로 사용하려면 왼쪽의 무료를 선택하시면 됩니다. 프로젝트를 제품으로 빌드할 수 없다는 단점은 있지만 연습하기에는 부족함이 없습니다.

03.

■ 인디(Indi)는 소규모 개발자가 사용하는 라이센스입니다.

■ 기업은 대규모 개발사가 사용할 수 있는 라이센스입니다.

04.	|다운로드
■ 라이센스 선택하면 프로그램 다운로드 사이트로 이동합니다. ■ 자신의 컴퓨터 운영체제에 맞는 프로그램을 선택하여 다운로드 받으면 됩니다.	

05.	
■ 설치하기 위해서 다운로드 받은 파일을 실행합니다. ■ 자신에게 맞는 언어를 선택한 다음 설치를 진행합니다. (안타깝게도 현재 한국어는 제공되지 않습니다.)	

06.	
■ 라이센스 동의를 클릭한 다음 계속 설치를 진행합니다.	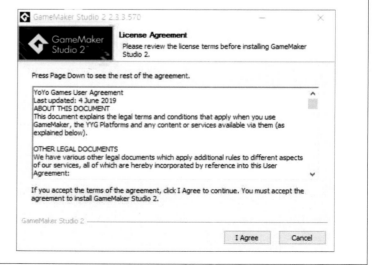

07. ■ 시작메뉴 생성 / 빠른 메뉴 생성 / 게임메이커 스튜디오 프로젝트 파일 연결을 선택하고 설치를 계속 진행합니다.	
08. ■ 설치할 위치를 확인하고 설치를 계속 진행합니다. (특별한 이유가 없다면 설치 당시의 기본값으로 두는 것이 좋습니다.)	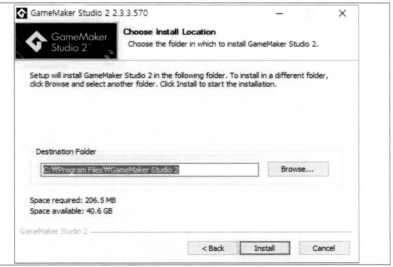

메모하기

2 GameMaker Studio 둘러보기

무엇을 배울까요?	■ 게임 개발을 위한 GameMaker Studio를 설치하여 개발을 위한 사용환경을 구축할 수 있게 됩니다.
	#GMS 다운로드, #GMS 설치하기, #GMS 개발 환경 구축

■ 사용자 등록 및 입장하기

GameMaker Studio 2 프로그램을 처음 시작하면 요요게임즈 계정을 사용하여 프로그램에 로그인하라는 메시지 창이 표시됩니다.

요요게임즈 홈페이지에서 등록한 계정 정보를 사용하여 로그인하시면 됩니다.

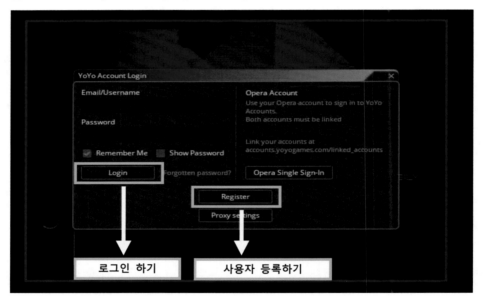

사용자 계정이 없을 경우, Register(등록)를 클릭하면 홈페이지로 연결됩니다.

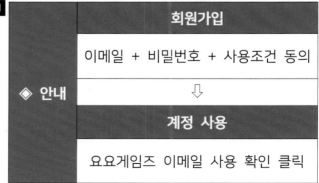

회원가입
이메일 + 비밀번호 + 사용조건 동의
⇩
계정 사용
요요게임즈 이메일 사용 확인 클릭

해당 화면에서 이메일 주소와 비밀번호, 사용조건 동의를 체크하고 회원가입을 합니다.

자신의 이메일을 확안하면 요요게임즈로부터 사용 확인을 확인하는 메일을 볼 수 있습니다. 이메일을 읽고 사용 확인을 클릭해 주시면 사용 준비가 완료된 상태입니다.

■ 시작화면 살펴보기

로그인 후 제일 처음 만나는 게임메이커 스튜디오의 시작 화면입니다. 먼저 각 부분의 명칭과 기능에 대해 살펴보겠습니다.

① **IDE 메뉴** : IDE(Integrated Development Environment – 통합개발환경)메뉴에서는 게임 개발을 하면서 사용되는 모든 도구(파일, 편집, 빌드, 윈도우, 도구, 마켓플레이스, 레이아웃, 도움말)들을 통합적으로 제공합니다.

② **최근 프로젝트** : 최근 작업했던 프로젝트 목록들이 표시됩니다. 프로젝트 이름 위에 마우스를 올리면 프로젝트가 저장되어 있는 위치를 볼 수 있고, 선택하면 해당 프로젝트로 바로 작업할 수 있습니다.

③ **버전 정보** : 현재 GameMaker Studio 프로그램 버전 정보를 보여줍니다.

④ **소셜 링크** : 요요게임즈사의 소셜페이지로 바로 이동할 수 있습니다.

⑤ **프로 젝트** :
- New - 새 프로젝트를 생성할 수 있습니다.
- Open – 이미 생성한 프로젝트를 찾아볼 수 있습니다.
- Import – 외부 내보내기한 프로젝트 가져와서 작업 할 수 있습니다.
- Tutorials - GameMaker Studio를 배울 수 있는 강좌 및 예제를 제공합니다.

■ IDE 메뉴 살펴보기

File	프로젝트를 변경, 저장 또는 가져 오거나 개발 환경 설정을 선택할 수 있습니다

비어 있는 새 프로젝트를 만들때 사용합니다. "저장" 대화창이 열리고, 프로젝트 이름과 저장 위치를 지정하면 새 작업 공간으로 이동하여 게임을 제작할 수 있습니다. 프로젝트 파일은 *.yyp 파일 확장자로 저장됩니다.

파일 탐색기를 열어 확장자 *.yyp로 된 프로젝트 파일을 선택하여 게임 프로젝트를 열어 작업공간으로 이동하여 작업을 계속할 수 있습니다.

* .yyz로 내보내기(   )했던 프로젝트 파일을 가져오기해서 열어볼 수 있습니다.

최근에 사용했던 프로젝트 목록을 볼 수 있습니다. 메뉴를 선택하면 최근에 사용한 프로젝트 목록이 서브 메뉴로 나타나고 선택한 프로젝트를 바로 열어서 볼 수 있습니다.

프로젝트를 만들 때 (또는 프로젝트를 열 때)와 동일한 위치에 현재 프로젝트 파일을 저장합니다. 게임을 만들면서 수시로 저장해 줍니다.

현재 프로젝트의 파일의 저장 위치와 파일 저장할 때 프로젝트 이름을 새롭게 지정할 수 있습니다.

프로젝트를 단일 * .yyz 파일로 내 보냅니다. 내보내기는 프로젝트 파일을 다른 사람에게 보내거나 백업하는 데 사용할 수 있습니다.

새로운 작업을 할 수 있도록 게임메이커 스튜디오 프로그램이 별도로 실행되어 시작페이지부터 열립니다.

게임메이커 스튜디오 프로그램의 사용 환경을 설정할 수 있는 창으로 이동합니다.

기본 웹 브라우저를 열고 요요게임즈 홈페이지내 사용자 계정(Account) 페이지로 이동합니다.

로그인되어 있는 게임메이커 스튜디오 프로그램에서 로그아웃됩니다. 이후 게임메이커 스튜디오를 다시 사용하려면 다시 로그인해야 합니다.

게임메이커 스튜디오 프로그램을 종료합니다.

Edit   스크립트 내용 검색 및 작업 내용을 되돌리거나 다시 실행할 수 있습니다.

Undo	CTRL+Z
Redo	CTRL+Y
Search & Replace	CTRL+SHIFT+F

이전 작업 내용의 실행을 취소할 수 있습니다.

이전 취소한(Undo) 작업 내용을 다시 작업한 내용으로 볼 수 있습니다.

검색 창에 입력한 내용에 대해 전체 코드 (스크립트)에서 해당 내용을 검색하거나 찾은 내용을 교체할 수 있습니다.

Build   현재 프로젝트를 테스트, 디버깅, 실행 파일로 빌드하도록 선택할 수 있습니다.

Run
Debug
Clean
Create Executable
Show Remote Worker Installer

제작한 게임을 테스트하기 위해 선택한 대상 플랫폼에서 현재 프로젝트를 실행합니다.

제작하고 있는 게임을 디버거로 테스트하여 오류나 프로그램내 문제점을 수정할 수 있습니다.

게임메이커 스튜디오에서는 파일 캐시를 유지하여 테스트할 때 컴파일 시간을 단축 시킵니다. 그러나 가끔 캐시때문에 게임에서 예기치 않은 오류가 발생할 수도 있습니다. 최종 실행 파일을 작성하기 전에는 반드시 캐시를 정리하는 것이 좋습니다.

현재 프로젝트를 컴파일하고 대상 플랫폼에 대한 실행 패키지를 만들어 배포할 수 있습니다.

원격 작업자 도구 프로그램(GameMakerStudio-Remote-Installer-*.*.*)를 설치할 수 있도록 파일 탐색기 창이 열립니다. 해당파일을 설치 후 프로그램을 이용하여 원격 컴퓨터를 이용하여 빌드할 수 있습니다.

Tools	GameMaker Studio에서 사용 가능한 다양한 도구 패널을 실행할 수 있습니다.

텍스처(스프라이트, 타일셋, 글꼴) 자산을 한 곳에서 관리할 수 있습니다.

오디오 리소스를 한 곳에서 관리할 수 있습니다.

게임내 사운드를 모두 한꺼번에 관리할 수 있습니다.

다른 대상 플랫폼에 필요한 스플래시 화면 및 아이콘을 관리 할 수 있습니다.

리소스 패키지를 생성하여 다른 프로젝트에서 사용할 수 있습니다.

제작된 리소스 패키지를 불러오기하여 사용할 수 있습니다.

Layouts	프로그램 IDE(통합개발환경)을 설정하고 저장할 수 있습니다.

현재 통합개발 환경(IDE) 레이아웃의 이름을 지정하고 저장할 수 있습니다.

이전에 저장된 IDE 레이아웃을 불러와서 사용할 수 있습니다.

현재 IDE 레이아웃을 기본설정 레이아웃으로 돌릴 수 있습니다.

Marketplace	프로젝트에서 사용할 수 있는 유료 및 무료 자산(에셋)을 구할 수 있습니다.

게임 제작에 필요한 에셋(자산)을 찾을 수 있는 마켓 플레이스 홈페이지가 열립니다.

마켓 플레이스 컨텐츠에서 구입하거나 저장한 내 라이브러리를 볼 수 있습니다.

마켓 플레이스에서 내 계정으로 구매한 내역을 볼 수 있습니다.

마켓 플레이스에서 내 계정으로 구매한 내역을 업데이트하여 볼 수 있습니다.

패키지 생성 마법사를 통해 패키지를 생성할 수 있고, 마켓 플레이스를 통해 다른 사람에게 배포하거나 다른 프로젝트에서 이를 활용할 수 있습니다.

Help	프로그램 사용시 도움을 받을 수 있습니다.

게임메이커 스튜디오의 시작 페이지가 열립니다.

인터넷 브라우저가 열리면서 도움말 문서를 볼 수 있는 링크페이지가 열립니다.

게임메이커 스튜디오 사용에 필요한 모든 정보(FAQ,사용 가이드, 플랫폼별 설정방법 등)를 볼 수 있습니다.

게임메이커 스튜디오를 사용하면서 발생하는 버그를 신고할 수 있습니다.

프로그램 빌드 및 테스트에서 발생한 로그가 저장된 내용을 볼 수 있도록 탐색기 창이 열립니다.

게임메이커 제작사 홈페이지를 엽니다.

프로그램 배포 및 버전별 개선 정보를 볼 수 있고, 이전 버전의 프로그램을 다운로드하여 설치할 수 있습니다.

게임 제작후 빌드할 때 사용되는 런타임 버전별 요약정보를 볼 수 있습니다.

GameMaker Studio 2는 게임 제작시 여러 플랫폼으로 빌드할 수 있습니다. 플랫폼별로 필요한 SDK(Software Development Kit)에 대한 내용을 자세하게 안내합니다.

프로젝트 폴더를 볼 수 있는 탐색기 창이 열립니다.

새 폰트를 설치하거나 프로그램 내에서 폰트가 제대로 표시되지 않을 경우 폰트 정보를 새롭게 갱신합니다.

프로그램 사용에 도움이 되는 라이센스 정보를 한꺼번에 볼 수 있습니다. 해당 내용을 클릭하여 메모장으로 볼 수 있습니다.

현재 프로그램 버전, 런타임 버전, 계정 정보, 시스템 정보를 볼 수 있습니다.

Source Control	Github 및 기타 저장소 서비스를 통해 작업 내용을 관리 할 수 있습니다.

현재 프로젝트의 내용을 저장할 수 있는 저장소를 현재 프로젝트내 생성할 수 있습니다.(Git 기준으로 설명)

현재 프로젝트의 저장소를 복제하여 관리할 수 있습니다.

변경사항을 외부저장소에 모두 적용합니다.

저장소에 있는 내용을 기준으로 변경된 사항을 저장소에 저장할 수 있습니다.

저장소에 있는 내용을 기준으로 이전 내용으로 되돌려 볼 수 있습니다.

변경사항 업로드/다운로드된 내역을 볼 수 있습니다.

Room	룸 작업공간에서 사용할 수 있는 패널 창을 열어 볼 수 있습니다.

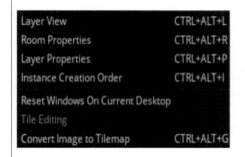

룸에 배치된 레이어 목록을 관리할 수 있는 레이어 패널 창을 다시 엽니다.

룸 속성을 관리할 수 있는 패널 창을 다시 엽니다.

레이어 속성을 관리할 수 있는 패널 창을 다시 엽니다.

룸 내에서 오브젝트가 생성되는 순서를 볼 수 있는 패널 창을 다시 엽니다.

룸 편집기 창 레이아웃을 초기 상태로 다시 돌립니다.

타일 세트 편집기를 통해 타일 작업을 할 수 있습니다.

단일 이미지를 타일 맵으로 만들 수 있는 도구입니다.

■ 프로그램 작업 공간 살펴보기

새 프로젝트를 시작하거나 기존 프로젝트를 열면 게임메이커 스튜디오의 메인 작업공간으로 이동할 수 있습니다.

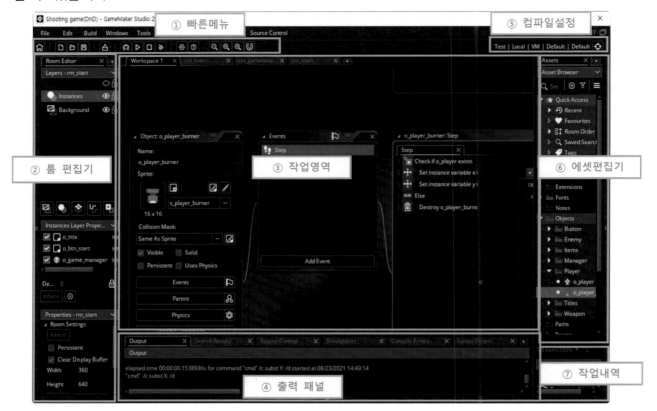

① 빠른 메뉴	게임메이커 스튜디오에서 기본적으로 가장 많이 사용하는 메뉴 버튼이 나열되어 있습니다.
② 룸 편집기	게임 룸(무대)를 만들고 관리할 수 있습니다.
③ 작업 영역	게임메이커 스튜디오의 모든 게임 제작의 실제 작업이 이루어지는 화면 영역입니다.
④ 출력	게임 오류나 제작시 발생하는 상황을 표시합니다.
⑤ 컴파일 설정	게임메이커 스튜디오는 크로스 플랫폼 게임 엔진이며 다양한 대상 플랫폼에서 프로젝트의 실행 패키지를 테스트, 디버그 및 컴파일할 수 있습니다
⑥ 에셋 편집기	게임에 필요한 다양한 자산을 추가, 제거 및 편집하는 데 사용할 수 있는 편집기입니다.
⑦ 최근 작업 내역	사용자가 작업한 내역(히스토리)을 볼 수 있습니다.

① 빠른 메뉴	게임메이커 스튜디오에서 기본적으로 가장 많이 사용하는 메뉴 버튼이 나열되어 있습니다.
🏠	게임메이커 스튜디오의 시작페이지를 엽니다.
🗋	새 프로젝트를 시작합니다.
🗁	이전에 만든 프로젝트를 열어서 불러오기 할 수 있습니다.
💾	현재 프로젝트를 저장합니다. 기본적으로 게임메이커 스튜디오는 사용자 설정에 따라 프로젝트를 자동으로 저장하며 이 버튼으로 간단하게 저장할 수 있습니다. 작업 내용은 자주 저장하도록 합니다.
🔧	디버그 모듈과 함께 현재 프로젝트를 디버그(수정) 모드로 실행합니다.
▷	선택한 대상 플랫폼에서 프로젝트를 실행합니다.
⬜	프로젝트를 대상 모듈로 컴파일하는 것을 취소하거나 컴파일된 후 실행 중인 게임을 중지할 수 있습니다.
🗑	현재 자산(에셋) 컴파일러의 캐시가 지워집니다. 이미지, 사운드, 스크립트 등을 캐시에 저장하여 게임을 테스트할 때 시간을 절약하기 위해 테스트 전에 변경된 것들만 다시 컴파일하여 게임을 테스트합니다. 그러나 이 캐시는 시간이 지남에 따라 손상되어 의도한 때로 작동하지 않는 경우가 가끔 있을 수 있습니다. ※ 대상 플랫폼의 실행 파일을 만들기 전에 항상 캐시를 지우는 것이 좋습니다.
⚙	현재 프로젝트에 대한 게임 옵션 편집기를 엽니다.
❓	프로그램 사용 도움말을 열 수 있습니다.
🔍	작업 공간을 축소하여 모든 것을 더 작게 보이도록 만듭니다. 마우스 휠을 사용하여 축소할 수 있습니다.
🔍	작업 공간의 크기를 1 : 1 크기로 재설정됩니다.
🔍	작업 공간을 확대하여 모든 것을 더 크게 만듭니다. 마우스 휠을 사용하여 확대할 수 있습니다.
🖥	게임메이커 스튜디오 프로그램에서 보이는 고정된 모든 패널 창이 숨겨지거나 숨겨지지 않은 상태로 전환됩니다.

② 룸 편집기	게임 룸(무대)를 만들고 관리할 수 있습니다.

- 폴더버튼을 이용하여 그룹화하여 사용할 수 있습니다.
- 원하는 레이어를 추가, 변경, 삭제할 수 있습니다.
- 자물쇠 아이콘을 사용하여 변경할 수 없도록 잠글 수 있습니다.
- 눈 아이콘을 사용하여 룸(무대)에서 보이기 / 안보이기 설정을 할 수 있습니다. 안보이기로 설정된 레이어안에 있는 오브젝트들은 게임 실행시에도 보이지 않습니다.
- 레이어를 드래그하여 순서를 변경할 수 있습니다.
- 레이어를 선택하여 F2키를 눌러 레이어 이름을 변경할 수 있습니다.

레이어 뷰	오브젝트들을 룸(무대)에 배치하고 관리합니다.
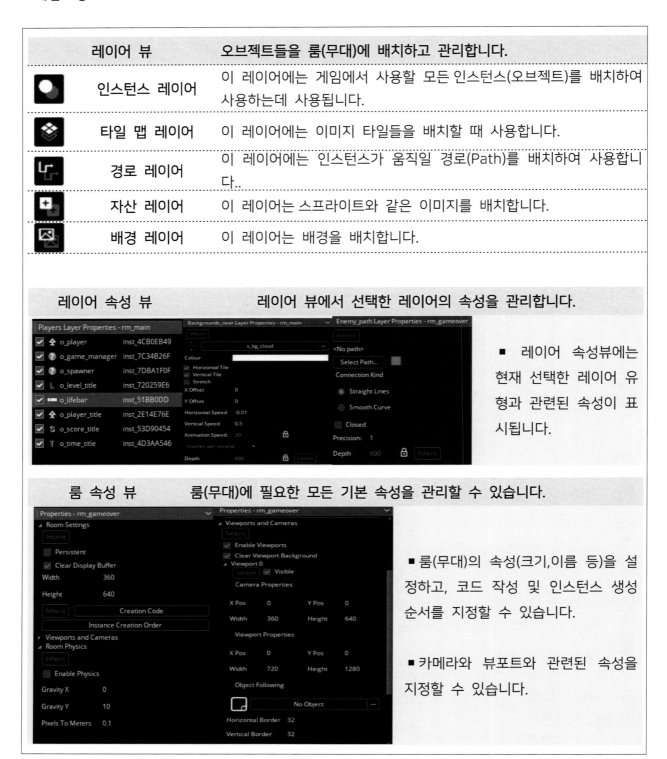 인스턴스 레이어	이 레이어에는 게임에서 사용할 모든 인스턴스(오브젝트)를 배치하여 사용하는데 사용됩니다.
타일 맵 레이어	이 레이어에는 이미지 타일들을 배치할 때 사용합니다.
경로 레이어	이 레이어에는 인스턴스가 움직일 경로(Path)를 배치하여 사용합니다..
자산 레이어	이 레이어는 스프라이트와 같은 이미지를 배치합니다.
배경 레이어	이 레이어는 배경을 배치합니다.

레이어 속성 뷰   레이어 뷰에서 선택한 레이어의 속성을 관리합니다.

■ 레이어 속성뷰에는 현재 선택한 레이어 유형과 관련된 속성이 표시됩니다.

룸 속성 뷰   룸(무대)에 필요한 모든 기본 속성을 관리할 수 있습니다.

■ 룸(무대)의 속성(크기,이름 등)을 설정하고, 코드 작성 및 인스턴스 생성 순서를 지정할 수 있습니다.

■ 카메라와 뷰포트와 관련된 속성을 지정할 수 있습니다.

③ 작업 영역   게임메이커 스튜디오의 모든 게임 제작의 실제 작업이 이루어지는 화면 영역입니다.

■ 작업영역 상단의 탭을 클릭하여 작업영역을 새롭게 추가하거나 제거할 수 있습니다.
■ 작업영역에서 선택한 대상으로 작업할 수 있으며, 선택한 대상의 성격에 따라 그에 맞는 편집기가 열립니다.

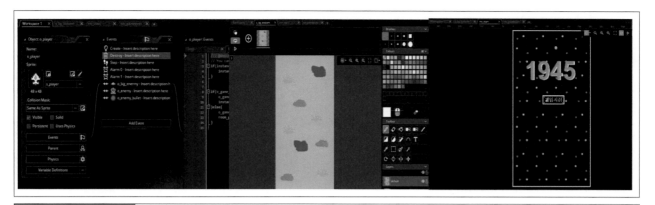

④ 출력	게임 오류나 제작시 발생하는 상황을 표시합니다.

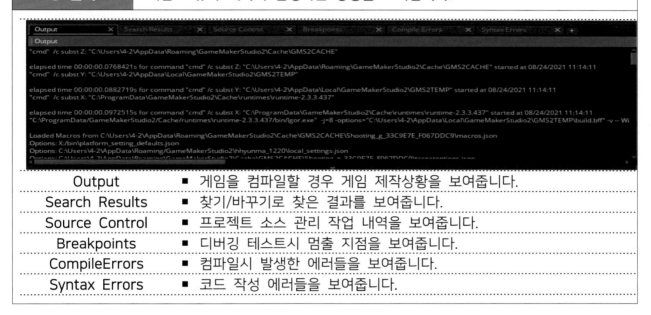

Output	▪ 게임을 컴파일할 경우 게임 제작상황을 보여줍니다.
Search Results	▪ 찾기/바꾸기로 찾은 결과를 보여줍니다.
Source Control	▪ 프로젝트 소스 관리 작업 내역을 보여줍니다.
Breakpoints	▪ 디버깅 테스트시 멈출 지점을 보여줍니다.
CompileErrors	▪ 컴파일시 발생한 에러들을 보여줍니다.
Syntax Errors	▪ 코드 작성 에러들을 보여줍니다.

⑤ 컴파일 설정	게임메이커 스튜디오는 크로스 멀티 플랫폼 게임엔진이며 다양한 대상 플랫폼에서 프로젝트의 실행 패키지를 테스트, 디버그 및 컴파일할 수 있습니다

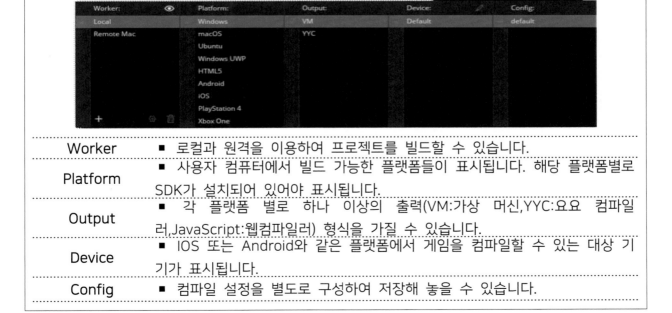

Worker	▪ 로컬과 원격을 이용하여 프로젝트를 빌드할 수 있습니다.
Platform	▪ 사용자 컴퓨터에서 빌드 가능한 플랫폼들이 표시됩니다. 해당 플랫폼별로 SDK가 설치되어 있어야 표시됩니다.
Output	▪ 각 플랫폼 별로 하나 이상의 출력(VM:가상 머신,YYC:요요 컴파일러,JavaScript:웹컴파일러) 형식을 가질 수 있습니다.
Device	▪ IOS 또는 Android와 같은 플랫폼에서 게임을 컴파일할 수 있는 대상 기기가 표시됩니다.
Config	▪ 컴파일 설정을 별도로 구성하여 저장해 놓을 수 있습니다.

⑥ 에셋 편집기	게임에 필요한 다양한 자산을 추가, 제거 및 편집하는 데 사용할 수 있는 편집기입니다.

	애니메이션 커브	▪ 애니메이션이 있는 오브젝트의 움직임에 다양한 변화를 줄 수 있습니다.
	확장	▪ 여러 가지 추가 기능을 사용하여 프로그램 기능을 확장할 수 있습니다.
	폰트	▪ 게임에서 사용할 다양한 폰트 설정을 미리 만들어 놓을 수 있습니다.
	노트	▪ 프로젝트 유지보수 및 개발에 필요한 정보를 기록해 놓을 수 있습니다.
	객체(오브젝트)	▪ 게임에서 사용 가능한 객체(오브젝트)를 제작, 편집하는 데 사용할 수 있습니다.
	경로	▪ 인스턴스가 움직일 경로를 제작할 수 있습니다.
	룸	▪ 게임의 무대가 되는 화면을 제작할 수 있습니다.
	스크립트	▪ 게임에 필요한 기능을 제작하여 사용할 수 있습니다.
	시퀀스	▪ 애니메이션 그룹을 제작할 수 있습니다.
	셰이더	▪ 게임 화면의 그래픽 효과 변화를 주기 위해 사용하는 도구입니다.
	소리	▪ 게임에서 사용할 소리를 만들 수 있습니다.
	스프라이트	▪ 게임에서 사용할 이미지를 만들 수 있습니다.
	타일 세트	▪ 하나의 이미지를 분할하여 타일 형태로 만들어 사용할 수 있습니다.
	타임 라인	▪ 특정 시간에 특정한 일을 할 수 있도록 설정할 수 있습니다.
	이미지	▪ 스프라이트를 만들거나 스프라이트를 편집할 수 있습니다.

⑦ 최근 작업 내역	사용자가 작업한 내역이 기록되어 있는 히스토리입니다.

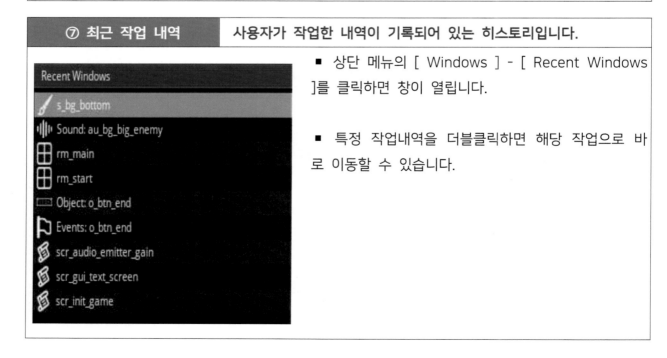

▪ 상단 메뉴의 [Windows] - [Recent Windows]를 클릭하면 창이 열립니다.

▪ 특정 작업내역을 더블클릭하면 해당 작업으로 바로 이동할 수 있습니다.

게임 제작 실전 프로젝트

지금부터는 게임메이커 스튜디오를 활용하여 실제로 게임을 만들어 보면서 프로그램의 사용법을 익히고, 게임 프로그래밍의 개념 및 게임 제작과정에서 접하게 되는 다양한 문제에 대한 해결 알고리즘을 습득해 봅시다.

1 자동차 전시장 만들기

※ 예제 파일명: Project_1

무엇을 배울까요?	■ 스프라이트와 오브젝트에 대한 개념을 알게 됩니다.
	#스프라이트, #스프라이트 편집기, #오브젝트, #인스턴스

■ 제작된 모습 미리보기 및 제작 순서 안내

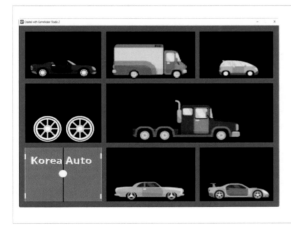

■ 여러 대의 자동차는 미리 만들어진 이미지를 불러와서 스프라이트를 생성합니다.

■ 자동차 바퀴는 프로그램 내 이미지 편집기에서 직접 그려서 스프라이트를 생성합니다.

■ 자동차 전시장과 텍스트도 프로그램 내 이미지 편집기에서 직접 그려서 생성합니다.

프로그램 제작 순서 안내

① 스프라이트 개념과 제작방법
② 이미지 편집기 사용방법
③ 자동차/자동차 부품/타이틀 스프라이트 만들기
④ 자동차 전시장 배경 만들기
⑤ 자동차/자동차 부품/타이블 오브젝트 만들기
⑥ 룸(화면)에 인스턴스를 생성하여 배치하기
⑦ 오브젝트와 인스턴스의 차이점
⑧ 완성된 모습 테스트하고 수정하기

게임코딩

■ 스프라이트 개념과 제작 방법

게임메이커 스튜디오에서 게임을 제작하려고 하면 가장 기본이 되는 스프라이트(Sprite)에 대해 먼저 알아야 합니다.

스프라이트(Sprite)는 일반적으로 게임 속에서 사용되는 2D 이미지(애니메이션 포함 가능) 객체를 말합니다. JPEG, PNG와 같은 이미지보다는 큰 개념으로 회전, 스케일(이미지 크기), 충돌 영역 설정, 텍스쳐 설정, 애니메이션 등의 여러 가지 속성을 포함하는 그래픽 객체라고 생각하시면 됩니다.

사전적 의미를 먼저 살펴보면 스프라이트는 작은 요정이라는 뜻을 가지고 있으며 이는 자유롭게 그 모습을 바꾸는 작은 요정과 같은 이미지라는 의미를 담고 있다고 생각할 수 있습니다.

스프라이트(Sprite)는 외부이미지로도 만들 수도 있고, 이미지 편집기에서 직접 제작할 수도 있습니다. 스프라이트의 가장 강력한 기능은 '애니메이션을 이미지 내에 포함하여 제작할 수 있으며, 스케일(크기) 및 충돌영역을 직접 지정할 수 있다' 라는 점입니다.

스프라이트 제작 방법

① 화면 오른쪽 에셋 편집기의 ⊕ 아이콘을 클릭합니다.
② 에셋 목록중에서 Sprites를 선택합니다.
③ Create를 클릭하면 스프라이트 편집기에서 스프라이트를 만들 수 있습니다.
④ 에셋 편집기에서 바로 마우스 오른쪽을 클릭하여 팝업 대화창에서 스프라이트 메뉴를 선택하여 제작할 수도 있습니다.

> **Tips** 에셋 편집기의 스프라이트 폴더가 선택된 상태에서 마우스 오른쪽 클릭하면 바로 Sprites 항목이 선택된 상태로 팝업 상자가 나옵니다.

스프라이트 편집기 사용 방법

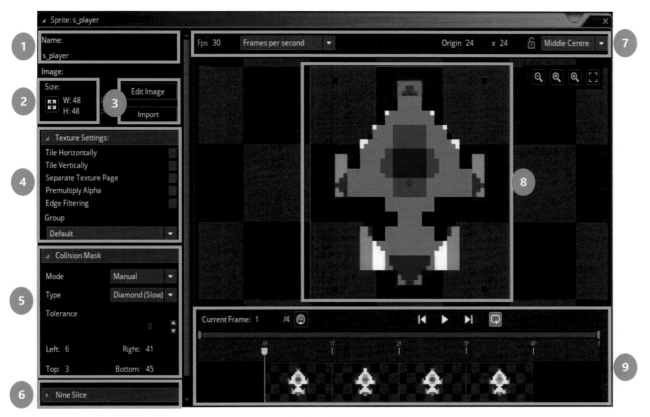

< 스프라이트 편집기 화면 >

스프라이트 편집기		게임에 필요한 스프라이트를 생성, 편집할 수 있습니다.
번호	이름	설명
①	이름 필드	모든 스프라이트에는 프로그램이 식별할 수 있는 **고유한(중복되지 않는)** 이름을 가지고 있어야 합니다. 여러 에셋에서 같은 이름을 사용해야 할 수도 있으므로 접두어를 표시하여 대상의 종류를 바로 식별할 수 있도록 하는 것이 좋습니다. **이름 만드는 방법** s_player = s_ (스프라이트를 나타내는 접두어) + player (해당 대상을 설명할 수 있는 이름)
②	크기	⊞를 클릭하여 이미지의 크기를 설정할 수 있습니다. 편집시 이미지 확대/축소, 캔버스 확대/축소 등을 자유롭게 설정할 수 있습니다.

번호	이름	설명
3	이미지 편집	여기에서는 스프라이트를 제작할 수 있는 두 가지의 방법(메뉴)을 제공합니다. 첫 번째, **Edit Image** 를 클릭하여 게임메이커 스튜디오에서 제공하는 이미지 편집기를 이용하여 직접 그려서 제작하는 방법입니다. 두 번째, **Import** 를 통해 외부(미리 준비된) 이미지 파일(리소스)를 불러와서 스프라이트로 제작하는 방법입니다.
4	텍스처 설정	스프라이트가 텍스처(배경 등)로 사용될 경우 가로 타일 옵션, 세로 타일 옵션, 경계 너비, 경계 흐리게 등을 설정할 수 있는 옵션입니다.
5	충돌 마스크 설정	스프라이트의 충돌 감지 범위를 지정할 수 있습니다. 처음 생성시 이미지에 맞게 자동으로 사각형 형태로 생성됩니다. 옵션을 통해 원하는 형태로 마스크를 지정할 수 있습니다.
6	나인 슬라이스 설정	하나의 스프라이트를 다양한 크기의 이미지로 재사용할 수 있도록 설정해주는 부분입니다. 9개로 나누어진다고 해서 나인 슬라이스라고 하며, 어떤 스프라이트가 작은 스마트폰에서 큰 TV화면에서 보여질 때, 스프라이트의 비례를 유지하면서 확대/축소 등의 크기를 재조정할 수 있도록 설정할 수 있습니다.
7	스프라이트 속성	스프라이트 애니메이션의 진행 속도와 스프라이트의 중심점 위치를 설정할 수 있습니다.
8	작업 영역	스프라이트 작업영역입니다. 현재 창의 크기에 맞춰 볼 수 있고, 룸(무대)에서 어떻게 보이는지를 미리 체크해 볼 수도 있습니다.
9	애니메이션	스프라이트의 애니메이션 속도 및 상태를 체크해 볼 수 있습니다.

■ 자동차/자동차 부품/타이틀 스프라이트 만들기

이미지 불러오기하여 자동차 스프라이트 만들기

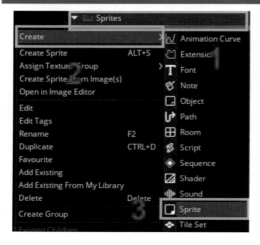

① 화면 우측 패널의 에셋 브라이저 패널 내 스프라이트 폴더 선택하여 마우스 우측 클릭하여 팝업창을 엽니다.
② 팝업메뉴에서 Create 메뉴 - **Sprite** 를 선택합니다.

① 스프라이트 에디터에서 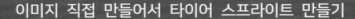 버튼을 클릭하여 Images 폴더 내 자동차 이미지를 선택합니다.

② 해당 스프라이트 이름을 's_car_1' 으로 입력합니다.

③ 해당 스프라이트의 중심점을 설정할 수 있습니다.

④ 여러 이미지가 있을 경우 애니메이션 속도를 조절할 수 있습니다.

⑤ 해당 스프라이트에 속한 이미지들을 볼 수 있으며, 미리보기를 할 수 있습니다.

이미지 직접 만들어서 타이어 스프라이트 만들기

① 화면 우측 패널의 에셋 브라이저 패널 내 스프라이트 폴더 선택하여 마우스 우측 클릭하여 팝업창을 엽니다.

② 팝업메뉴에서 Create 메뉴 - Sprite 를 선택합니다.

① 스프라이트 에디터에서 사이즈 버튼을 클릭하여 이미지 사이즈를 설정합니다.

② 이미지 속성 창에서 Resize Canvas 이미지에 128 X 128 픽셀값을 입력합니다.

③ Apply를 클릭하여 이미지 크기 설정을 마무리

게임코딩

합니다.

◈ Scale Image 옵션은 현재 이미지를 확대/축소하는 기능입니다. 이미지가 있을 경우에는 이미지 자체가 확대 축소되기 때문에 해상도에 따라 이미지가 흐려 보이거나 경계가 깨져 보일 수도 있습니다.

◈ Resize Canvas는 현재 이미지가 그려질 도화지(캔버스)의 크기를 조절하는 기능으로 이미지 자체가 확대/축소되는 것은 아닙니다.

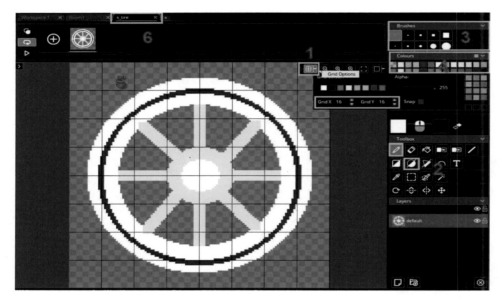

이미지 편집기를 열기 위해 스프라이트 에디터의 Edit Image 를 클릭합니다.

① 이미지 에디터 화면에서 정확한 위치에 그리기 위해 그리드 안내선 설정을 16 X 16 으로 합니다.

② 원 그리기 도구를 사용하여 원 모양의 타이어를 그려줍니다.

원 그리기 도구는 오른쪽 상단을 클릭하면 처럼 설정되며 속이 빈(채우기가 없는) 원 모양을 그릴 수 있고, 오른쪽 하단을 클릭하면 처럼 설정되며 속이 채워진 원 모양을 그릴 수 있습니다.

③ 다음으로 상단의 브러쉬 패널에서 선두께와 선모양을 선택할 수 있습니다.

④ 색상 패널에서는 선 색상/ 면 색상과 알파(투명도)을 설정할 수 있습니다.

⑤ 캔버스 화면에 자신이 그리고 싶은 형태의 타이어를 자유롭게 그려 봅시다. 잘 못 그렸을 경우 (지우개)도구를 사용하여 지우거나, (선택도구)를 사용하여 특정 범위를 선택하여 지울 수 있습니다.

⑥ 다 그린 후에는 닫기 버튼을 클릭하면 스프라이트 에디터 화면으로 돌아가고, 스프라이트 에디터 화면을 닫으면 메인 작업 창으로 돌아갈 수 있습니다.

※ 이미지 편집기에 관한 사항은 아래 이미지 편집기 사용 방법을 통해 더욱 자세하게 알아보도록 합시다.

타이틀 스프라이트 만들기

① 화면 우측 패널의 스프라이트 폴더 선택하여 마우스 우측 클릭하여 팝업창을 엽니다.

② 팝업 메뉴에서 Create 메뉴 - █ Sprite 를 선택합니다.

③ 스프라이트의 이름은 s_title로 입력합니다.

④ 사이즈 조절 버튼 █을 클릭하여 Resize Canvas에서 텍스트 스프라이트 사이즈를 256 X 68 픽셀로 설정하고 적용합니다.

스프라이트 에디터의 █ Edit Image █를 클릭합니다.

① 이미지 에디터 화면에서 정확한 위치에 그리기 위해 그리드 안내선 설정을 16 X 16 으로 합니다.

② 텍스트 입력 도구 █ 를 선택합니다.

③ 화면 상단에 폰트와 굵기, 사이즈를 설정합니다.

④ 우측 하단의 레이어 패널에서 █레이어 추가버튼을 클릭하여 레이어를 추가하고 레이어를 더블 클릭하거나 F2키를 눌러서 레이어 이름을 변경할 수 있습니다.

⑤ 먼저 Text 레이어를 선택하여 적당한 위치에 클릭하여 텍스트를 입력합니다. 텍스트 위치를 옮기고 싶으면 █를 클릭하여 이동하면 됩니다.

⑥ 다음으로 Shade 레이어를 선택하여 적당한 위치에 텍스트를 입력하고 그림자가 될 색상으로 변경해줍니다. 색상 일괄 변경은 █ 색상 교체 툴을 선택하여 원하는 색상을 선택한 다음 글자를 클릭해 주시면 됩니다.

■ 이미지 편집기 사용방법

이미지 **편집기**를 통해 스프라이트를 직접 만들 수 있습니다. **스프라이트 편집기**의 왼쪽 패널에 있는 `Edit Image`를 클릭하면 아래와 같은 **이미지 편집기**가 열립니다.

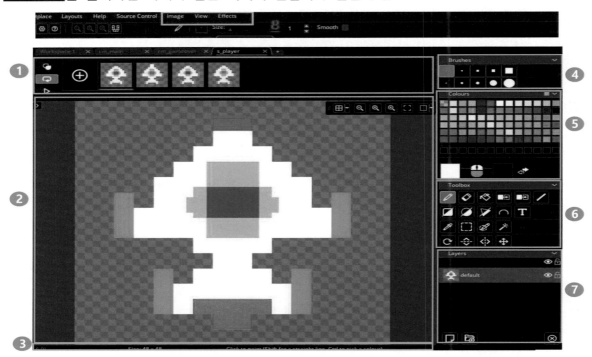

이미지 편집기		직접 스프라이트 이미지를 만들거나 스프라이트 애니메이션을 편집할 수 있습니다
번호	이름	설명
①	프레임 뷰	■ 애니메이션이 적용되는 여러 프레임을 만들 수 있고, 순서대로 애니메이션이 적용됩니다. 드래그하여 순서를 변경할 수 있습니다. ■ 프레임을 복사/붙여넣기하여 추가하거나 ⊕ 추가 버튼을 클릭하여 새 프레임을 추가할 수 있습니다. ■ ▷ 재생버튼을 클릭하여 애니메이션 상태를 확인할 수 있습니다. ■ 어니언 스킨을 이용하여 애니메이션을 제작할 때 앞 뒤 프레임에 현재 드로잉의 잔상(어니언 스키닝)을 남겨서 스프라이트 애니메이션 드로잉을 쉽게 할 수 있습니다. ■ 반복 버튼을 통해 애니메이션을 반복 재생할 수 있습니다.
②	캔버스	■ 이미지의 기본 편집 창입니다. 오른쪽의 드로잉(그리기) 도구를 사용하여 여기에서 드로잉(그리기) 할 수 있습니다. ■ 캔버스 컨트롤(① 그리드 전환, ② 캔버스 줌 ③ 중앙 맞춤, ④ 캔버스 분할) 을 사용하여 캔버스와 그 내용이 표시되는 방법을 다르게 하여 작업할 수 있습니다.

❷	캔버스	■	캔버스 그리드 도구를 사용하여 그리드 표시 방법(그리드 선 표시 간격, 자석효과 여부, 그리드 선 색상 등)을 변경할 수 있습니다.
❸	상태 표시	■ 현재 마우스 좌표값, 스프라이트 사이즈와 선택한 이미지 도구 정보를 표시해 줍니다.	
❹	브러쉬 툴	■ 드로잉(그리기)할 브러쉬(붓)의 종류와 크기를 선택할 수 있습니다. ■ 캔버스에서 이미지를 복사하면 브러쉬에 등록되어 캔버스에 바로 드로잉할 수 있습니다.	
❺	색상 팔레트	■ 드로잉(그리기)할 도구의 색상을 선택할 수 있습니다. 기존의 팔레트 색상 및 개발자가 임의대로 색상을 만들어 사용할 수 있습니다.	
❻	그리기 도구	연필	선택한 브러쉬를 이용하여 선택한 색상으로 색칠하며 브러쉬를 누른 상태에서 키보드 + / - 키를 통해 브러쉬 크기를 바로 조정할 수도 있습니다.
		지우개	선택한 브러쉬를 사용하여 클릭하여 영역을 지웁니다. 브러쉬 크기를 변경하면 더 쉽게 지울 수 있습니다.
		페인트	페인트(또는 채우기) 도구입니다. 클릭한 이미지 영역에 선택한 색상으로 한 번에 채워집니다.
		색상 제거	선택한 색상을 캔버스에서 제거할 수 있습니다. 이미지에서 동일한 색상의 모든 픽셀이 제거 됩니다. 상단 막대에는 픽셀 색상 차이를 허용할 범위를 지정할 슬라이더가 있습니다. 이 값이 낮을수록 색상이 클릭한 색상과 더 정확하게 일치한 색상만 제거하게 됩니다.
		색 교체	이미지의 모든 동일한 색상은 사용자에 의해 지정된 색상으로 교체될 수 있습니다. 상단 막대에는 픽셀 색상 차이를 설정할 수 있는 슬라이더가 있습니다. 이 값이 낮을수록 색상이 클릭 한 색상과 더 정확하게 일치한 색상만 교체합니다.
		선	마우스 클릭한 두 점 사이에 직선을 그리는 도구입니다. 상단 보조도구를 이용하여 선 두께 및 곡선 처리 여부 등을 지정할 수 있습니다.
		직사각형	이 도구를 사용하면 채워진 사각형 또는 색상이 비어 있는 사각형을 그릴 수 있습니다. 아이콘 왼쪽 상단을 클릭하면 빈 사각형, 오른쪽 하단을 클릭하면 채워진 사각형을 그릴 수 있습니다. Alt 키를 이용하여 마우스 클릭한 곳을 중앙으로 하여 그릴 수 있습니다.
		타원	이 도구를 사용하면 채워진 타원 또는 색상이 비어 있는 타원을 그릴 수 있습니다. 아이콘 왼쪽 상단을 클릭하면 빈 타원, 오른쪽 하단을 클릭하면 채워진 타원을 그릴 수 있습니다. ALT 키 를 이용하여 마우스 클릭한 곳을 중앙으로 하여 그릴 수 있습니다.

게임코딩

❻	그리기 도구	다각형	이 도구는 채워진 다각형 또는 윤곽선만 있는 다각형을 그릴 수 있습니다. 다각형은 클릭하는 점의 개수에 따라 자동으로 선이 그려집니다. 아이콘 왼쪽 상단을 클릭하면 빈 다각형, 오른쪽 하단을 클릭하면 채워진 다각형을 그릴 수 있습니다. Alt 키를 이용하여 마우스 클릭한 곳을 중앙으로 하여 그릴 수 있습니다.
		호 도구	선택한 브러쉬로 호를 그릴 수 있는 도구입니다. 호의 곡률은 점을 찍은 상태에서 조절점을 드래그하여 곡률을 조절할 수 있습니다.
		텍스트	이 도구는 글자 입력 도구입니다. 새로운 텍스트를 입력하면 새로운 레이어가 추가되어 만들어 집니다. 상단 보조도구를 이용하여 사용할 글꼴과 서식을 설정할 수 있습니다.
		스포이드	스포이드 도구를 사용하면 현재 편집 중인 이미지에서 색상을 샘플링할 수 있습니다.
		사각형	이 도구를 사용하면 사각형 형태로 캔버스에서 특정 부분 또는 전체를 선택할 수 있습니다.
		페인트	이 도구를 사용하면 선택한 영역에만 드로잉할 수 있습니다.
		마법 지팡이	마술 지팡이 선택 도구는 편집기의 상단 보조도구에서 설정한 허용치를 기준으로 동일한 색상의 영역을 선택합니다.
		회전	선택 도구 중 하나를 사용하여 영역을 선택하고 영역을 클릭하면 선택한 영역을 0 °에서 360 °까지 임의의 양만큼 회전 할 수 있습니다. 이미지 영역을 선택하지 않으면 현재 브러쉬를 회전할 수 있습니다. 회전하려면 마우스 왼쪽 버튼을 누르고 있으면 됩니다 왼쪽 또는 오른쪽으로 드래그하거나 상단 보조도구에서 직접 값을 설정할 수 있습니다. 변경 내용을 적용하려면 다른 도구를 선택하시면 됩니다.
		미러 (거울)	이 도구를 선택하면 현재 브러쉬가 세로 축을 따라 좌우가 바뀌게 됩니다. 이 옵션은 새 브러쉬를 만들지 않으며 현재 브러쉬를 그리는 방법에만 영향을 줍니다.
		뒤집기	이 도구를 선택하면 수평 브러쉬 축을 따라 현재 브러쉬가 상하 바뀌게 됩니다. 이 옵션은 새 브러쉬를 만들지 않으며 현재 브러쉬를 그리는 방법에만 영향을 줍니다.
		이동	이것을 선택하면 마우스를 드래그하여 선택 레이어 내에서 선택한 부분을 이동할 수 있습니다.

7	레이어		■ 레이어 편집기 하단에 레이어 새로 추가하기, 같은 레이어를 묶어서 관리할 수 있는 폴더 생성, 불필요한 레이어를 삭제할 수 있는 레이어 삭제 도구가 순서대로 있습니다. ■ 레이어를 더블 클릭하여 레이어 이름과 레이어 혼합방식, 레이어 투명도를 조절할 수 있습니다.
8	**Image** **(이미지)**	Cut Selection 선택 잘라 내기	편집기 이미지에서 선택된 영역의 이미지를 잘라 냅니다. 잘라낸 이미지는 브러쉬에 자동으로 추가됩니다.
		Cut Frame 프레임 잘라 내기	편집기 이미지에서 선택된 프레임 이미지를 잘라 냅니다.
		Copy Selection 선택 복사	편집기 이미지에서 선택 영역의 이미지를 복사합니다. 선택 복사를 하면 브러쉬에 자동으로 추가됩니다
		Copy Frame 프레임 복사	편집기 이미지에서 선택 프레임 이미지를 복사합니다.
		Paste Clipboard 이미지 붙여넣기	클립 보드에 저장된 이미지를 붙여 넣습니다. 이미지 편집기의 이미지에서 클립 보드로 잘라 내거나 복사할 때 편집기 오른쪽 위에 있는 브러쉬에 추가되며 붙여 넣기를 시도하지 않고 잘라 내기 / 복사한 선택 영역으로 그릴 브러쉬를 선택해야 합니다.
		Paste Frame 프레임 붙여넣기	잘라내기 하거나 복사한 프레임 이미지를 붙여넣기 할 수 있습니다. 붙여넣기하면 현재 선택되어 있는 프레임 다음에 프레임 이미지가 추가됩니다.
		Select All 모두 선택	현재 이미지 전체를 선택합니다.
		Cancel Selection 선택 취소	이미지에서 선택 영역을 취소합니다.
		Invert Selection 선택 반전	현재 선택 영역을 반전시킵니다.

8	Image (이미지)	Add Frame 프레임 추가	프레임 이미지 제일 끝에 비어 있는 새 프레임을 삽입합니다.
		Insert Frame 프레임 삽입	현재 선택된 프레임 뒤에 비어 있는 새 프레임을 삽입합니다.
		Delete Selected Frames 선택 프레임 삭제	스프라이트에서 선택된 프레임을 제거합니다.
		Import Image 이미지 가져오기	컴퓨터에서 프레임 이미지로 사용할 이미지 파일(리소스)를 불러옵니다. 탐색기 창에서 가져올 파일을 원하는 개수만큼 다중 선택하여 한 번에 여러 프레임으로 불러올 수 있습니다.
		Convert to Frames 프레임으로 변환	이 옵션은 단일 이미지를 여러 개의 개별 프레임 이미지로 변환합니다. 하나의 이미지에 제작된 애니메이션 이미지의 경우 영역 크기(셀)를 지정하여 동일한 범위(셀)로 개별 프레임 이미지로 변환할 수 있습니다. 여기에서 단일 이미지를 분할하여 프레임을 생성하는 방법, 생성할 프레임 수, 프레임의 너비 및 높이 및 오프셋 값을 포함하여 설정할 수 있습니다.
		Import Strip Image 스트립 이미지 가져오기	이 옵션은 파일 탐색기를 열고 프레임을 만드는 데 사용할 단일 이미지 파일를 불러올 수 있고, 기존에 설정되어 있던 옵션값을 가진 Convert to Frames(프레임으로 변환) 대화상자가 바로 열립니다.
		Export to PNG PNG 내보내기	이 옵션을 선택하면 현재 스프라이트를 단일 PNG 이미지로 저장할 수 있습니다. 만약 스프라이트에 여러 개의 프레임 이미지가 있을 경우 모든 이미지를 프레임 크기로 가로로 추가하여 하나의 이미지로 저장합니다.
		모든 프레임 크기 조정 Resize All Frames	이 옵션을 선택하면 스프라이트 편집기의 크기 조절 버튼을 눌렀을 때와 동일한 스프라이트 이미지 크기와 캔버스 크기를 조절하는 대화상자가 열립니다. 스프라이트 크기를 조절하면 모든 애니메이션 프레임의 크기가 같이 조정됩니다.
		모든 프레임을 선택하여 자르기 Crop All Frames To Selection	이 옵션은 기본 그리기 캔버스에서 이미지 영역을 선택한 경우에만 사용할 수 있습니다. 선택 영역을 지정한 다음 이 옵션을 선택하면 편집 중인 이미지 및 애니메이션의 다른 모든 프레임 이미지가 선택 영역으로 잘립니다. 스프라이트의 전체 크기도 선택 영역의 크기로 재조정 됩니다.
		모든 프레임 자동 다듬기 Auto Trim All Frames	이 옵션을 사용하면 스프라이트의 가장자리 주위의 모든 0 알파(투명도) 픽셀을 다듬을 수 있습니다. 이것은 스프라이트 내의 모든 이미지 프레임을 고려하므로, 각 프레임 이미지는 가장 0이 아닌 알파 픽셀을 가진 프레임의 가장자리까지 잘립니다. 이 경우도 잘린 부분이 있을 경우 크기가 재조정됩니다.

		프레임 순서 역순 Reverse Frames	이 옵션을 선택하면 스프라이트의 프레임 순서가 역순으로 재정렬됩니다.
⑧	Image (이미지)	좌우 뒤집기 Mirror	이 옵션을 사용하면 선택한 프레임 또는 전체 프레임 이미지를 이미지의 중앙 세로 축을 따라 좌우로 뒤집기 할 수 있습니다.
		상하 뒤집기 Flip	이 옵션을 사용하면 선택한 프레임 또는 전체 프레임 이미지를 이미지의 중앙 가로 축을 따라 상하로 뒤집을 수 있습니다.
		모든 프레임 회전 시계 방향으로 90°	이 옵션은 애니메이션의 모든 프레임을 시계 방향으로 90° 회전합니다.
		모든 프레임 회전 시계 반대 방향 90 °	이 옵션은 애니메이션의 모든 프레임을 시계 반대 방향으로 90° 회전합니다
⑨	View 뷰		
		1 : 1	해상도(실제 크기)로 이미지를 1 : 1로 조정하고 이미지를 편집 창 중앙에 놓습니다
		화면 맞추기 Fit Screen	이미지 편집 창을 채우도록 이미지 크기를 조정합니다
		격자 표시 Show Grid	픽셀 격자를 표시 / 미표시로 토글합니다. 이것은 캔버스 컨트롤에 있는 그리드 버튼과 동일합니다
		어니언 스킨 설정 Onion Skin Settings	어니언 스킨 설정을 변경합니다. 그러면 스킨의 불투명도와 색상뿐만 아니라 양파 스킨 버튼으로 표시되는 프레임을 설정할 수 있는 다음 창이 열립니다.
⑩	Effects 효과	흐림 Blur	이미지에 흐림 효과를 적용합니다. 사용할 흐림 효과 유형 (상자 또는 가우시안)뿐만 아니라 빛의 강도(Intensity) 설정하여 가로 또는 세로 축을 따라 흐릿하거나 둘 다를 따라 흐릿하게 할지 여부를 선택할 수 있습니다. 그런 다음 현재 레이어, 보이는 레이어 또는 모든 레이어에만 적용하도록 선택할 수 있습니다.
		그레이 스케일 Grayscale	정해진 양만큼 이미지의 채도를 떨어 뜨립니다. 현재 레이어, 보이는 레이어 또는 모든 레이어에만 적용하도록 선택할 수 있습니다

■ **자동차 전시장 배경 만들기**

배경 스프라이트 만들기

① 화면 우측 패널의 스프라이트 폴더 선택하여 마우스 우측 클릭하여 팝업창을 엽니다.
② 팝업 메뉴에서 Create 메뉴 - ▣ Sprite 를 선택합니다.

③ 스프라이트 이름은 's_build' 으로 입력하고, 사이즈 조절 버튼 ▦을 클릭하여 이미지 사이즈를 설정합니다.
④ 이미지 속성 창에서 Resize Canvas에 1024 X 768 픽셀값을 입력합니다.
⑤ Apply를 클릭하여 이미지 크기 설정을 마무리합니다.

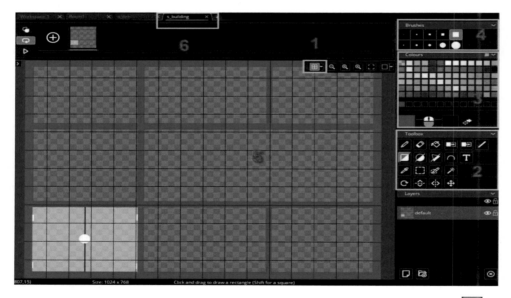

먼저 스프라이트 에디터의 Edit Image 를 클릭합니다.
① 이미지 에디터 화면에서 정확한 위치에 그리기 위해 그리드 안내선 설정을 64 X 64 으로 합니다.
② 사각형 그리기 도구를 사용하여 사각

형 모양으로 그려줍니다. 사각형 그리기 도구는 오른쪽 상단을 클릭하면 ▨처럼 설정되며 속이 빈 사각형 그림을 그릴 수 있습니다.
③ 색상 패널에서 색상과 알파(투명도)을 설정할 수 있습니다.
④ 브러쉬 패널에서 브러쉬에서 선두께와 선모양을 선택할 수 있습니다.
⑤ 화면에 자신이 그리고 싶은 형태의 사각형을 그려 건물 모양이 나게 자유롭게 그려봅니다. 왼쪽 문은 ▨ 하단을 클릭하여 채워진 사격형을 그리면 됩니다.
⑥ 다 그린 후에는 닫기 버튼을 클릭하면 스프라이트 에디터 화면으로 돌아가고, 스프라이트 에디터 화면을 닫으면 메인 작업 창으로 돌아갈 수 있습니다.

■ 자동차/자동차 부품 오브젝트 만들기

이번에는 자동차 스프라이트를 가지고 게임에서 사용 가능한 오브젝트를 만들어 보도록 하겠습니다.

자동차 오브젝트 만들기

① 화면 우측 패널의 오브젝트 폴더 선택하여 마우스 우측 클릭하여 팝업창을 엽니다.
② 팝업메뉴에서 Create 메뉴 - Object 를 선택합니다.

③ 오브젝트 에디터에서 해당 오브젝트 이름을 입력해줍니다. 오브젝트 이름은 오브젝트 접두어 "o_"를 붙여서 생성하면 구분하기 좋습니다. 오브젝트 이름을 'o_car_1' 이라고 입력합니다.
④ 해당 오브젝트의 스프라이트 선택상자를 클릭하여 해당 오브젝트의 스프라이트로 's_car_1' 스프라이트를 선택합니다.

① 화면 오른쪽 에셋 브라우저 내 오브젝트(Objects) 폴더 선택하여 위와 같은 방법으로 o_car_2 오브젝트, o_car_3 오브젝트, o_car_4 오브젝트, o_car_5 오브젝트, o_car_6 오브젝트, o_tire 오브젝트, o_title 오브젝트를 순차적으로 만들어 줍니다.

■ 룸(화면)에 배경화면 생성하기

게임메이커 스튜디오에서 룸(Room)이란 게임에서 실제 보여지는 무대(스테이지)로 무대에 있는 대상(인스턴스)만 실제 사용자들에게 보여질 수 있습니다. 룸 편집기에 관한 자세한 사항은 다른 프로젝트에서 룸 편집기 사용방법을 통해 더욱 자세하게 알아보도록 합시다. 일단 첫 프로젝트이니 설명하는 그대로 따라 만들어 봅시다.

게임코딩

룸에 배경화면 적용하기

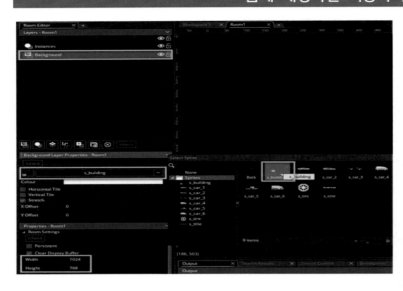

① 화면 오른쪽의 에셋 브라우저 패널 내 Room 폴더의 룸(Room1)을 선택합니다.

② 룸(Room1)의 배경을 설정하기 위해 화면 왼쪽 룸 에디터 상단의 레이어 패널에서 Background 레이어를 선택합니다.

③ Background 레이어 속성 패널에서 를 클릭하여 'S_building' 스프라이트를 선택

하면 가운데 룸(Room)에 선택한 배경이 표시되는 것을 볼 수 있습니다. Colour아래

Stretch 속성값을 선택하여 화면에 꽉 차도록 만들어 줍니다.

④ 마지막으로 룸 에티터 제일 하단의 룸 속성에서 룸 크기를 Width 1024 X Height 768 로 화면 크기를 조절해 줍니다.

■ **룸(화면)에 인스턴스를 생성하여 배치하기**

룸에 오브젝트 배치하기

① 먼저 화면 좌측 상단의 레이어 패널에서 인스턴스 레이어를 선택합니다.

② 화면 우측의 오브젝트 에셋 브라우저 패널에서 만들어 놓은 오브젝트를 드래그하여 화면에 배치합

니다.

③ 오브젝트들을 룸의 적당한 위치에 배치하면 화면 왼쪽 아래쪽을 보면 인스턴스 레이어 속성창에 룸에 생성된 인스턴스 목록을 볼 수 있습니다.

④ 화면의 인스턴스 속성 레이어의 인스턴스 목록 순서는 배치되는 순서에 따라 나옵니다.

■ 오브젝트와 인스턴스의 차이점

일반적으로 프로그래밍에서는 오브젝트와 인스턴스를 구분하여 사용합니다. 오브젝트는 설계도이고, 인스턴스는 설계도를 바탕으로 실제 만들어진 것이라고 할 수 있습니다.

하나의 오브젝트로 여러 개의 인스턴스를 생성하여 사용할 수 있습니다. 오브젝트를 바탕으로 생성된 인스턴스들은 각각의 속성 값을 변경하여 독립적으로 실행 가능합니다.

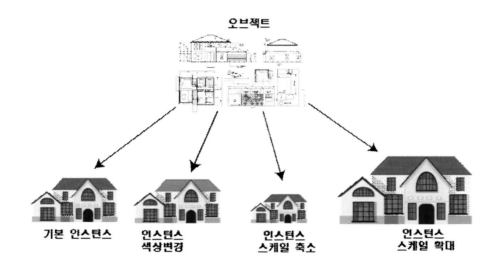

게임메이커 스튜디오에서는 인스턴스를 생성하는 두 가지 방법이 있습니다.

첫번째로 에셋브라우저 패널에 있는 오브젝트를 드래그하여 룸(화면)에 배치하는 것으로 인스턴스를 자동으로 생성하여 사용할 수 있습니다.

두번째로는 코딩을 통해서 미리 만들어져 있는 오브젝트를 이용하여 인스턴스를 생성하여 사용할 수 있습니다.

```
instance_create_layer(x, y, layer_id, obj);
instance_create_depth(x, y, depth, obj);
```

※ 위의 내장함수에 대해서는 뒤에서 배우도록 하겠습니다.

■ 완성된 모습 테스트하고 수정하기

실행 및 수정하기

① 작업한 결과를 확인하기 위해 상단의 빠른 메뉴 바에서 ▶ 실행 버튼을 클릭합니다.

② 게임메이커 스튜디오 프로그램 하단의 출력 패널 `Output      X`에 컴파일 되는 과정이 자세하게 나오게 됩니다.

③ 프로그램 내 오류가 있을 경우 오류 개수와 오류 내용이 표시됩니다.

④ 작업한 내용이 이상 없을 경우 새창에서 작업 결과를 확인할 수 있습니다.

메모하기

| 2 | 도로 위를 움직이는 자동차 | ※ 예제 파일명: Project 2 |

| 무엇을 배울까요? | ■ 오브젝트 애니메이션 만드는 방법과 게임에 배경음악 넣는 방법을 알게 됩니다. |
| | #스프라이트, #애니메이션, #배경음악, #배경화면, #사운드 편집기 사용 |

■ 제작된 모습 미리보기 및 제작 순서 안내

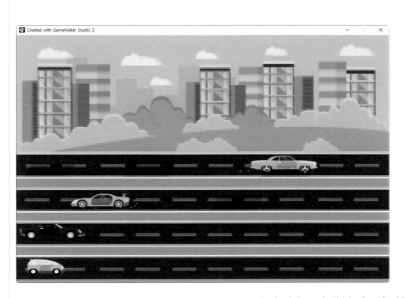

- 이번에는 스프라이트 내에 자체 애니메이션을 가진 여러 자동차 스프라이트를 만듭니다.
- 게임 내 배경음악을 넣어 게임의 효과를 더합니다.
- 자동차 스프라이트 애니메이션 외에 자동차가 게임 내에서 움직일 수 있도록 이벤트와 코드를 작성합니다.
- 코딩작업은 편리하게 코드를 작성할 수 있는 블록 코딩방식으로

코딩할 수 있는 DnD (Drag and Drop)방식을 선택하여 작성할 것입니다.
- 직접 코드를 입력하는 텍스트 코딩방식은 뒤의 프로젝트에서 제작해볼 것입니다.

프로그램 제작 순서 안내

① 자동차 스프라이트와 스프라이트 애니메이션 만들기
② 자동차가 달릴 수 있는 도시 배경 만들고 룸 배경으로 설정하기
③ 다양한 자동차 오브젝트 만들기
④ 자동차 움직이는 이벤트와 코드 작성하기
⑤ 게임내 배경음악 넣기
⑥ 사운드 편집기 사용 방법 익히기
⑦ 룸(화면)에 인스턴스를 생성하여 배치하기
⑧ 완성된 모습 테스트하고 수정하기

■ 자동차 스프라이트와 스프라이트 애니메이션 만들기

자동차 일반 스프라이트 만들기

① 화면 우측 패널의 스프라이트 폴더 선택 하여 마우스 우측 클릭 하여 팝업창을 엽니다.
② 팝업 메뉴에서 Create 메뉴 - Sprite 를 선택합니 다
③ 새 스프라이트의 에 디터에서 준비된 이미지 리소스(파일)를 가져와서 사용하기 위해 Import 버튼을 클릭하여 Images 폴더 내 자동차 이미지를 선택합니다.

④ 스프라이트의 이름을 's_car_1' 으로 입력합니다.

⑤ 해당 스프라이트의 중심점은 Middle Center로 설정합니다.

자동차 스프라이트 애니메이션 만들기

 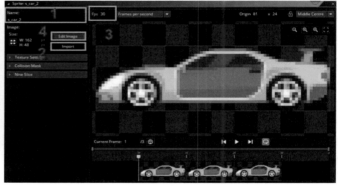

① 화면 우측 패널의 스프라이트 폴더 선택하여 마우스 우측 클릭하여 팝업창을 엽니다.

② 팝업메뉴에서 Create 메뉴 - Sprite 를 선택합니다.

③ 스프라이트 에디터에서 Import 버튼을 클릭하여 Images 폴더 내 자동차 이미지를 선택합니 다.

④ 해당 스프라이트 이름을 's_car_2' 으로 입력합니다.

⑤ 해당 스프라이트의 스프라이트 애니메이션 재생속도는 Fps(Frame per second) 30으로 되어 있는 지 확인합니다.

⑥ Edit Image 를 클릭하여 스프라이트 애니메이션을 만들어 보도록 하겠습니다.

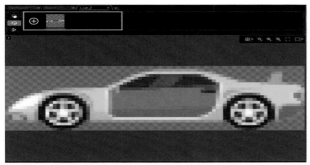

① **Edit Image** 를 클릭하여 스프라이트를 열면 처음에는 상단뷰에 하나의 프레임만 있을 것입니다. 상단의 프레임 하나가 하나의 이미지로 보시면 됩니다. 해당 프레임을 선택하여 복사 (Ctrl + C) / 붙여넣기(Ctrl + V)를 하면 선택한 프레임의 이미지를 복사하여 새로운 프레임 이미지를 생성할 수 있습니다.

※ 위의 상단 프레임 뷰의 ⊕ 를 클릭하면 이미지가 없는 빈 프레임만 생성됩니다.

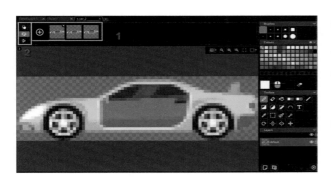

① 프레임을 선택 복사 / 붙여넣기하여 총 3개의 프레임 이미지를 생성합니다.

② 프레임 뷰의 재생 버튼을 클릭하면 프레임 애니메이션을 미리보기 재생해서 볼 수 있습니다.

③ 스프라이트 애니메이션의 재생속도는 현재의 이미지 편집기 화면에서가 아니라 스프라이트 편집기에서 Fps를 통해 수정할 수 있습니다.

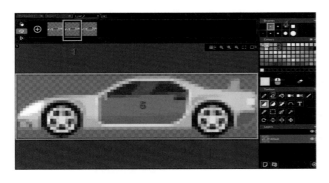

① 상단의 프레임 이미지 중에서 두 번째 프레임 이미지를 선택합니다.

② 이미지 에디터의 오른쪽 그리기 도구에서 사각형 그리기 도구를 선택합니다.

③ 색상 팔레트에서 색상을 원하는 색상으로 자유롭게 선택해 줍니다.

④ 화면 오른쪽 제일 상단에서 브러쉬 크기를 변경합니다.

⑤ 해당 이미지에서 자동차 바퀴색과 브레이크등 색깔을 변경해줍니다.

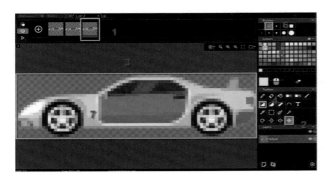

① 상단의 프레임 이미지 중에서 세 번째 프레임 이미지를 선택합니다.

② 이미지 에디터에서 화살표 모양의 이동 도구를 선택합니다.

③ 자동차를 적당하게 이동시켜 자동차가 떨리는 느낌을 줍니다.

④ 그리기 도구에서 사각형 색칠 도구를 선택합니다.

⑤ 색상 팔레트에서 원하는 색상으로 자유롭게 선택하고, 브러쉬 크기도 변경합니다.

⑥ 그리기 툴을 이용하여 자동차 바퀴색과 브레이크등 색깔을 변경해줍니다.

■ 자동차가 달릴 수 있는 도시 배경 만들고 룸 배경으로 설정하기

배경 애니메이션 설정하기

① 작업화면의 오른쪽의 에셋 브라우저 패널에서 스프라이트 폴더를 선택한 다음 마우스 우측 클릭을 클릭합니다.

② 해당 팝업메뉴에서 Sprites - Create - **Sprite** 를 선택합니다.

③ 스프라이트 에디터에서 해당 스프라이트 이름을 's_bg_road'로 입력한 다음 **Import** 버튼을 클릭합니다.

④ 해당 프로젝트 폴더 내 Images 폴더에서 도시 배경 그림 이미지를 선택합니다.

① 화면 오른쪽 에셋 브라우저 패널에서 현재의 게임 룸(Room1)을 선택합니다.

② 룸 에디터 화면에서 화면 왼쪽 레이어 패널에서 백그라운드 레이어를 선택합니다.

③ 룸 에디터의 레이어 패널 바로 아래쪽의 백그라운드 레이어 속성에서 백그라운드 스프라이트로

's_bg_road' 를 선택합니다.

④ stretch속성을 체크합니다. stretch 속성은 룸 크기에 맞게 그림을 전체로 확대시켜 전체 화면에 보여줍니다.

⑤ 룸 크기는 넓이 1024 X 높이 768로 설정해줍니다. 룸의 크기는 게임을 제작하는 무대의 크기입니다. 이 크기 그대로 사용자에게 보여줄 수도 있지만 카메라 뷰의 크기 설정을 통해 다양한 사이즈로 보여줄 수 있습니다.

■ 다양한 자동차 오브젝트 만들기

게임메이커 스튜디오에서는 만든 스프라이트를 실제 게임에서 사용하기 위해서는 오브젝트 형태로 만들어 줘야 합니다.

자동차 오브젝트 만들기

① 화면 우측 패널의 오브젝트 폴더 선택하여 마우스 우측 클릭하여 팝업 창을 엽니다.
② 팝업 메뉴에서 Create 메뉴 - Object 를 선택합니다
③ 새 오브젝트 이름의 이름을 오브젝트 접두어

'o' 를 붙여서 o_car_1로 입력해줍니다.
④ 해당 오브젝트의 스프라이트 이미지로 s_car_1 스프라이트를 선택해 줍니다.
⑤ 위의 방법과 같은 방법으로 o_car_2, o_car_3, o_car_4의 오브젝트를 만듭니다.

■ 자동차 움직이는 이벤트와 코드 작성하기

게임 시작과 동시에 자동차가 움직일 수 있도록 코드를 입력해 보겠습니다.

게임메이커 스튜디오에서는 코드를 입력하는 방식 (블럭코딩 or 직접 코딩)을 프로젝트 생성시 선택할 수 있도록 되어 있습니다. 게임메이커 스튜디오에서는 블록 코딩 입력방식을 중간에 텍스트 코딩 입력방식으로 프로젝트 제작 중에 변경할 수 있습니다. 하지만 텍스트 코딩에서 블록 코딩 방식으로의 역변환은 허용되지 않습니다.

엔트리나 스크래치와 같은 교육용 프로그래밍 사이트에서도 제공하고 있는 제작방식인 블록 코딩방식으로 명령어들을 입력해보도록 하겠습니다.

게임코딩

o_car_1 자동차 움직이는 이벤트 추가하기

① 화면 오른쪽의 에셋 브라우저 패널의 오브젝트 폴더에서 o_car_1 오브젝트를 더블 클릭해서 선택합니다.

② 해당 오브젝트의 이벤트 목록창 하단의 **Add Event** 를 클릭하면 이벤트 선택 팝업창이 나옵니다.

③ 팝업창의 이벤트 중에서 Step -> Step 이벤트를 선택하면 이벤트창 목록에 Step이벤트가 추가되는 것을 볼 수 있습니다.

o_car_1 자동차 움직임 이벤트 코드블럭 넣기

> ⏱ **Tips**
>
> ※ Relative(상대적)는 현재 속도에 계속하여 0.01을 더하게 되므로 속도가 점점 빨라지게 됩니다.
> ※ Relative(상대적) 체크를 해제하게 되면 속도가 항상 0.01로 달리는 자동차를 볼 수 있을 것입니다. 체크를 해제하면 Absolute(절대적) 상태가 됩니다.

① o_car_1 오브젝트의 이벤트 목록창에서 Step이벤트를 선택하여 더블 클릭하여 코드 입력창을 엽니다.

② 해당 이벤트의 코드 에디터의 화면 오른쪽 툴박스에서 Movement 폴더 내에 있는 많은 코드 블럭 중에서 ▶▶▶ (SetSpeed)라는 코드 블럭을 더블 클릭하여 입력합니다.

③ SetSpeed 코드블럭 내의 Type 값을 Horizontal으로 선택하고, Speed는 0.01로 입력해줍니다. 마지막으로 Relative에 체크를 해줍니다.

o_car 2 자동차 움직이는 이벤트 추가하기

① 화면 오른쪽 에셋 에디터 패널의 오브젝트 폴더에서 o_car_2 오브젝트를 선택합니다.

② 해당 오브젝트의 이벤트 목록 창의 하단에서 Add Event 를 클릭하면 이벤트를 선택하는 팝업창이 나옵니다.

③ 이벤트 중에서 Step -> Step 이벤트를 선택하면 이벤트창 목록에 Step이벤트가 추가되는 것을 볼 수 있습니다. Step이벤트는 반복되는 작업이 있을 경우에 사용하는 이벤트입니다.

o_car 2 자동차 움직임 이벤트 코드블럭 넣기

① o_car 2 오브젝트 이벤트 목록창에서 Step 이벤트를 더블 클릭하여 코드 입력창을 엽니다.

② Step 이벤트 코드 에디터의 오른쪽 툴박스에서 Movement폴더 내에 있는 ▶▶▶ (SetSpeed) 코드블럭을 더블 클릭하여 선택합니다.

③ SetSpeed 코드블럭내 Type의 값을 Horizontal으로 선택하고, Speed는 -2로, Relative 체크는 해제된 상태로 둡니다. Speed가 -2 의 속도이므로 오른쪽에서 왼쪽으로 이동하는 형태가 되고, Relative체크가 해제되어 있으므로 자동차는 가속없이 일정한 속도(등속도)로 달리게 될 것입니다.

■ 게임내 배경음악 생성 및 재생하기

게임메이커 스튜디오에서는 * .ogg , * .mp3 및 * .wav 사운드 형식의 오디오를 지원합니다. 기본 음향 효과외의 사운드 재생 방식을 수정, 스트리밍 오디오, 오디오 배치, 3D 사운드 제공 및 오디오 그룹화에 특화된 보다 전문화된 기능들을 제공합니다.

배경음악 생성하기

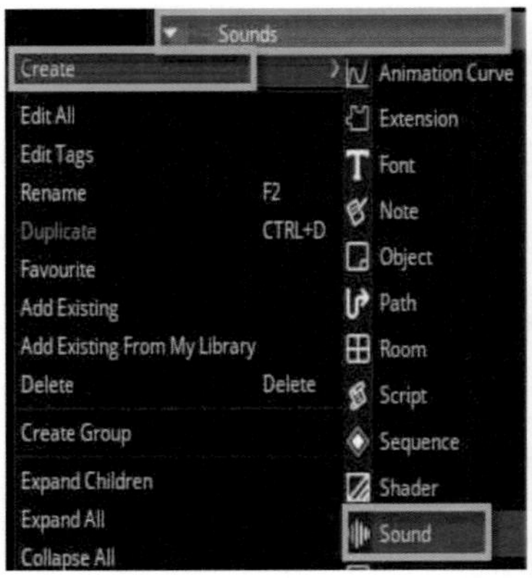

① 화면 우측 에셋 브라우저 패널에서 사운드 폴더 선택하고 마우스 우측 클릭하여 팝업창을 엽니다.

② 팝업 메뉴에서 Create 메뉴 선택 후 Sound 에셋을 선택합니다.

③ 준비해둔 음악 리소스(파일)를 사용하기 위해 불러오기 버튼 ... 을 클릭하여 배경음악 사운드를 선택하여 불러옵니다.

④ 사운드의 이름을 "au_bg_music" 이름으로 사운드를 생성합니다.

⑤ 재생 컨트롤을 이용하여 사운드를 들어보고 Volume 크기를 적절한 크기로 조절합니다. 불륨은 1이 가장 크고 0이 가장 작습니다. 불륨 값은 소수점도 허용됩니다. 조절바를 이용하여 볼륨을 조절해도 됩니다.

오브젝트에 배경음악 넣기

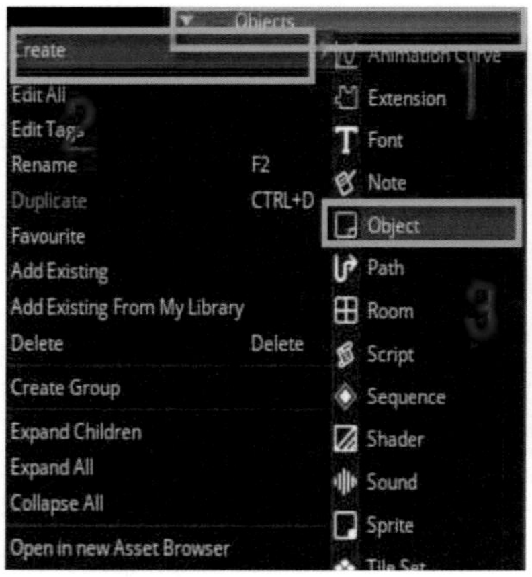

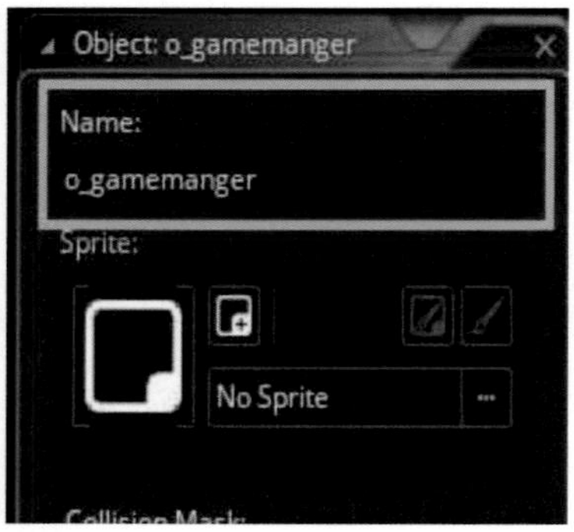

① 화면 우측 패널에서 오브젝트 폴더 선택후 "o_gamemanager" 오브젝트라는 게임을 전체적으로 컨트롤 하는 오브젝트를 생성합니다. 해당 오브젝트는 스프라이트 없이 빈 오브젝트로 생성합니다.

※ o_gamemanager 오브젝트는 게임 상황에 대한 값을 가지고 있으면서, 게임을 전체적으로 컨트롤 하기 위해 사용하는 스프라이트 없이 생성하는 빈 오브젝트입니다. 이후 모든 프로젝트에서 계속 생성하여 사용할 예정입니다.

① 해당 오브젝트의 이벤트 목록 창에서 하단의 Add Event 메뉴를 클릭하여 "Create" 이벤트 선택하여 생성합니다.

② Create 이벤트를 더블 클릭하여 코드 에디터를 엽니다. 코드 에디터 창의 우측 도구상자에서 Audio그룹내 Play Audio 코드블럭을 더블클릭해서 삽입하고, 무한 반복하도록 **Loop** 설정합니다. (해당 코드 아이콘을 더블 클릭하면 원하는 코드블럭을 삽입할 수 있으며, 코드블럭을 드래그하여 위치를 변경하거나 **▼ ×** 버튼을 이용하여 간단하게 표시하거나 해당 코드블럭을 삭제할 수 있습니다.)

③ Play Audio블럭의 **▣**Sound 선택상자에서 "au_bg_music"사운드를 선택합니다. Loop(반복)에 체크를 해줍니다.

④ "o_gamemanager"를 룸내의 적당한 위치에 배치해 주기만 하면 게임에서 배경음악을 쉽게 재생할 수 있습니다.

■ 사운드 편집기 사용하기

사운드 편집기는 게임에 필요한 사운드 에셋를 만들고 해당 사운드의 속성을 설정할 수 있는 곳입니다.

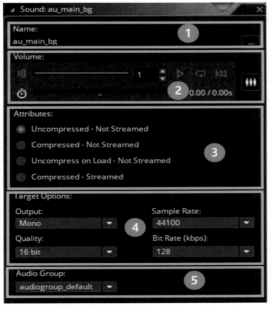

번호	이름	설명
1	사운드 파일과 이름	■ 사운드를 로드하려면 사운드 이름 오른쪽에 있는 사운드 로드 버튼 **┅** 을 클릭하여 사운드 파일(WAV, MP3, OGG 파일 형식)을 선택합니다. ■ 해당 사운드 파일의 이름을 정합니다. ■ 배경음악이나 큰 용량의 사운드는 * .mp3 또는 * .ogg 파일 형식을 사용하는 게 좋습니다.
2	볼륨	■ 파일을 로드 한 후에는 재생 버튼을 사용하여 사운드를 미리 들어 볼 수 있습니다.

<table>
<tr><th>번호</th><th>이름</th><th>설명</th></tr>
<tr><td>2</td><td>볼륨</td><td>■ 창 하단의 슬라이더를 사용하여 볼륨을 변경하고 사운드에 미치는 영향을 조절할 수 있습니다. 게인 값 1이 최대 사운드이며, 게인 값이 줄어들수록 사운드 크기가 줄어듭니다.</td></tr>
<tr><td>3</td><td>속성</td><td>■ 게임을 빌드할 때 설정되는 속성으로, 런타임시 사운드가 재생되는 방식에 영향을 줍니다.
■ WAV 형식의 경우 압축을 해제하여 빠르게 재생하고 디코딩 할 필요가 없지만, OGG 및 MP3의 경우 일반적으로 사용 가능한 다른 세 가지 옵션 중 하나를 선택합니다.
■ 일반적으로 배경음악의 경우는 메모리를 절약하기 위해 "Compressed - Not Streamed", 효과음의 경우 메모리 사용량이 적고 빠른 재생 때문에 "Uncompressed - Not Streamed" 옵션을 사용합니다.
<table>
<tr><td>Uncompressed - Not Streamed</td><td>소리 파일 비압축 방식으로 메모리에 미리 로딩해놓고 사용함.</td></tr>
<tr><td>Compressed - Not Streamed</td><td>소리 파일 압축 방식으로 메모리에 미리 로딩해놓고 사용함.</td></tr>
<tr><td>Uncompress on Load - Not Streamed</td><td>메모리 로딩시 비압축 방식으로 로딩되며 메모리에 미리 로딩해놓고 사용함.</td></tr>
<tr><td>Compressed - Streamed</td><td>압축 방식으로 메모리에 로딩되지 않고 게임 파일에서 직접 호출하여 사용됨.</td></tr>
</table></td></tr>
<tr><td>4</td><td>타켓 옵션</td><td>■ 사운드를 변환할 때 해당 사운드의 최종 품질을 간단히 제어할 수 있습니다. 일반적으로 16비트 품질 (또는 비트 심도), 44100kHz 샘플 레이트 및 128kbps 비트 레이트의 기본 설정으로 사용하면 됩니다. 만약 사운드 효과 (예를 들어)의 품질과 음악의 품질을 높이고 싶을 경우 Bit Rate를 높일 수 있지만, 게임 실행시 CPU에 부담을 줄 수 있습니다.
■ 사운드 출력 형태도 모노 , 스테레오 또는 3D 중 하나로 선택할 수도 있지만 일반적 게임의 경우 모노 형태도 충분합니다.</td></tr>
<tr><td>5</td><td>오디오 그룹</td><td>■ 기본적으로 오디오 그룹이 미리 생성되어 있습니다. 만약 게임 사운드가 많을 경우 여러 오디오 그룹으로 관리 할 수 있으며, 그룹 단위로 로딩 / 언로딩하여 사용할 수 있습니다.</td></tr>
</table>

■ 룸(화면)에 인스턴스를 생성하여 배치하기

룸에 인스턴스 생성하여 배치하기

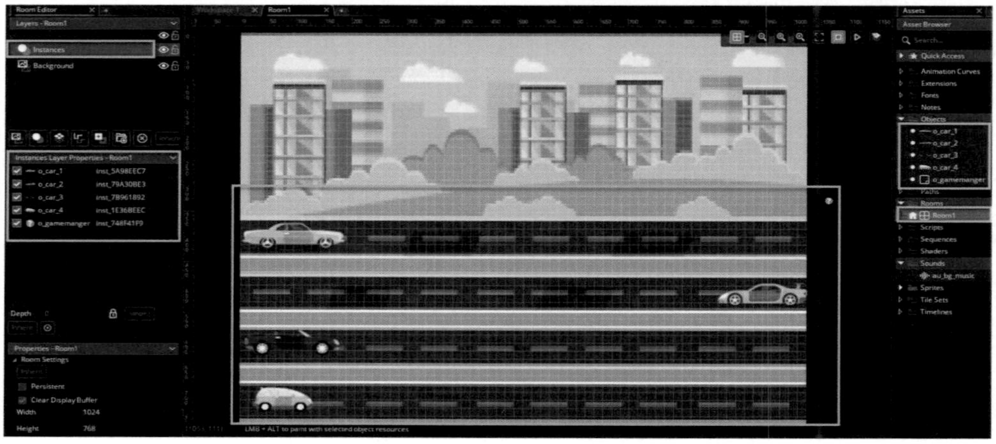

① 작업화면 오른쪽의 에셋 브라우저 패널에서 룸을 선택(더블 클릭)하여 작업창에 룸이 표시되도록 합니다.

② 화면 왼쪽의 룸 에디터의 레이어 목록 패널에서 "Instances" 레이어를 선택합니다.

③ 작업 화면 오른쪽 에셋 브라우저 패널에서 게임에 필요한 오브젝트를 선택하여 룸(화면)에서 원하는 곳에 배치하여 줍니다.

④ 룸에 배치된 인스턴스들은 왼쪽 인스턴스 레이어 속성 창에 놓인 순서대로 보입니다.

■ 완성된 모습 테스트하고 수정하기

실행 및 수정하기

① 게임메이커 스튜디오 상단의 빠른 메뉴에서 ▷ 재생 버튼을 클릭하면 제작한 게임을 컴파일하여 결과를 별도의 실행 창에서 보여줍니다.

② 오류가 있을 경우에는 하단의 output창에 오류사항이 자세하게 표시됩니다. 해당 오류 수정후 재생버튼을 클릭하여 다시 컴파일하면 실행 결과를 볼 수 있습니다.

메모하기

3 픽맨(Pac-Man) 게임

무엇을 배울까요?	■ 사용자 컨트롤에 따른 오브젝트의 움직임을 구현할 수 있게 됩니다.
	#이벤트, #GML, #배경음악, #충돌 감지, #움직임 제한

■ 제작된 모습 미리보기 및 제작 순서 안내

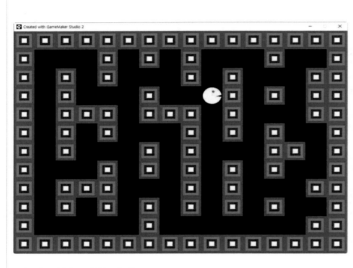

■ 이번에는 스프라이트내 자체 애니메이션을 포함하고 있는 오브젝트 생성하여 사용자에 의도에 따라 움직일 수 있도록 구현합니다.

■ 게임에서 팩맨이 벽돌과 충돌시 움직임을 제한하고, 벽돌이 없는 길로만 움직일 수 있도록 합니다.

■ 게임내 반복되는 배경음악을 넣어 게임의 효과를 더합니다.

■ 이번에는 게임 제작에 필요한 코딩작업 방식으로 코드 블럭을 이용한 DnD (Drag and Drop) 방식이 아닌 직접 코드를 입력하는 텍스트 코딩 방식으로 움직임을 구현합니다.

프로그램 제작 순서 안내	

① 팩맨 스프라이트와 스프라이트 애니메이션 만들기

② 벽돌 스프라이트 제작 및 오브젝트 생성하기

③ 벽돌 오브젝트를 이용하여 게임 배경 만들기

④ 팩맨 오브젝트 생성, 움직임 구현 및 충돌 구현

⑤ 게임내 배경음악 넣기

⑥ 룸(무대) 에 인스턴스를 생성하여 배치하기

⑦ 완성된 모습 테스트하고 수정하기

■ 팩맨 스프라이트와 스프라이트 애니메이션 만들기

팩맨 스프라이트 만들기

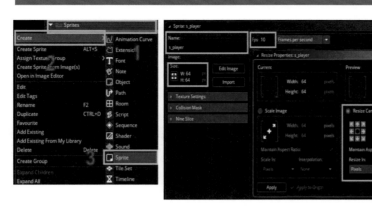

① 화면의 오른쪽의 에셋 브라우저 패널의 스프라이트 폴더 선택한 다음 마우스 우측 클릭을 클릭합니다.

② 해당 팝업메뉴에서 Create - Sprite 를 선택합니다.

③ 스프라이트 이름은 스프라이트 접두어 's' 를 붙여서 's_player' 로 입력합니다.

④ 스프라이트 에디터에서 사이즈 버튼을 클릭하여 이미지 사이즈를 설정해 줍니다.

⑤ Resize Canvas의 사이즈를 64 X 64 픽셀로 설정해 주고 Apply 버튼을 클릭합니다.

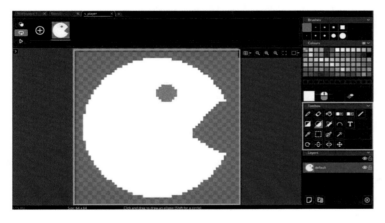

① Edit Image 를 클릭하여 이미지 에디터를 엽니다.

② 화면 오른쪽 그리기 툴박스에서 채워진 원 그리기 도구를 선택하고 흰색 색상을 선택한 다음 캔버스에 팩맨 모습을 그려줍니다. 색상을 빨간색으로 변경한 다음 눈을 그려줍니다. 마지막으로 입부분을 만들기 위해서 지우개 도구를 선택하여 입부분이 될 앞쪽을 세모 모양으로 살짝 지워줍니다.

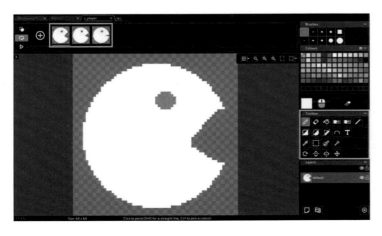

① 스프라이트 상단의 첫 번째 프레임 이미지를 복사(Ctrl + C)하여 붙여넣기하여 프레임 이미지를 두 개 더 만듭니다.

② 두 번째 프레임 이미지를 선택한 다음, 펜 도구로 입부분을 조금 더 그려서 입을 조금씩 닫는 이미지로 만듭니다.

③ 세 번째 프레임 이미지를 선택한 다음, 펜 도구로 입부분을 조금 더 그려서

입을 조금 더 닫는 이미지로 만듭니다.

④ 스프라이트 프레임 이미지들을 다 그린 후 애니메이션 확인을 위해 ▷ 재생 버튼을 클릭하여 스프라이트 애니메이션을 확인하면서 조금씩 수정합니다. ◘ 버튼이 눌러져 있으면 재생 버튼 클릭 시 애니메이션이 계속 반복 재생됩니다.

■ 벽돌 스프라이트 제작 및 오브젝트 생성하기

벽돌 스프라이트 만들기

① 작업화면의 오른쪽의 에셋 브라우저 패널에서 스프라이트 폴더 선택한 다음 마우스 우측 클릭을 클릭합니다.
② 해당 팝업메뉴에서 Sprites - Create - ▣ Sprite 를 선택합니다.

① 스프라이트 이름은 스프라이트 접두어를 붙여서 s_wall로 설정해줍니다.

② 스프라이트 에디터에서 ✛ 사이즈 버튼을 클릭하여 이미지 사이즈를 설정해 줍니다.

③ 이미지 사이즈는 64 X 64 픽셀로 설정해 주고 Apply 버튼을 클릭합니다.

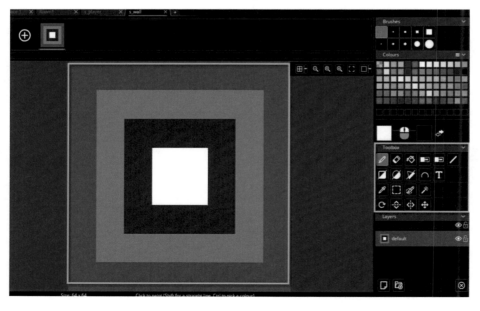

① 화면 오른쪽 그리기 툴박스에서 사각형 도구를 선택하고, 색상과 선 두께를 달리하여 여러분만의 벽돌 모양으로 그려주세요.
② 벽돌 모양을 여러 겹으로 그려서 왼쪽 그림과 같이 투명 캔버스에 꽉 차게 그려줍니다. (현재는 별도 마스크 설정 없이 자동으로 생성된

마스크 설정을 이용합니다. 마스크 설정 기능은 이후 프로젝트에서 자세히 설명할 예정입니다.)

■ 벽돌 오브젝트를 이용하여 게임 배경 만들기

벽돌 오브젝트로 배경 만들기

① 화면 우측 패널의 오브젝트 폴더 선택하여 마우스 우측 클릭하여 팝업창을 엽니다.

② 팝업메뉴에서 Create 메뉴 - Object 를 선택합니다.

③ 오브젝트 이름은 "o_wall"으로 설정하고, 대상 스프라이트로 s_wall 스프라이트를 선택합니다.

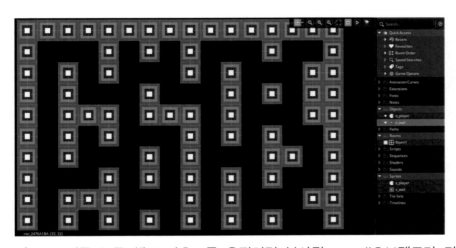

① 화면 오른쪽 에셋 브라우저 패널에서 룸(Room1)을 더블클릭하여 선택합니다.

② 화면 왼쪽 룸 에디터 레이어 패널에서 인스턴스 레이어를 선택한 다음 o_wall 오브젝트를 룸(Room1)내에 서로 겹치지 않도록 배치합니다.

③ **한 개씩 복사하여 생성하기**: Alt 키를 누른 채로 마우스를 움직이면 복사된 o_wall오브젝트가 마우스에 붙어 있는 것을 확인할 수 있습니다. 그리고, 클릭하면 그 위치에 오브젝트가 생성됩니다.

④ **자동으로 이어 붙여서 여러 개 생성하기:** Alt 키를 누른 채로 마우스 왼쪽을 클릭한 채로 드래그하면 자동으로 이어서 벽을 자연스럽게 생성할 수 있습니다.

■ 팩맨 오브젝트 생성, 움직임 구현 및 충돌 구현

팩맨 오브젝트 생성, 움직임 구현 및 충돌 구현

① 화면 우측 패널의 오브젝트 폴더 선택하여 마우스 우측 클릭하여 팝업창을 엽니다.

② 팝업메뉴에서 Create 메뉴 - Object 를 선택하여 오브젝트 생성 창

게임코딩

을 엽니다.
③ 오브젝트 이름을 "o_player"로 입력합니다.
④ 해당 오브젝트의 대상 스프라이트로 's_player' 스프라이트를 선택합니다.

① 오브젝트의 움직임을 구현하기 위해 사용할 변수를 선언하고 초기화하기 위해 현재 오브젝트 창 하단에 보이는 Variable Definitions ⋯를 클릭하여 변수 선언창을 열어 필요한 변수를 추가합니다.

변수명	값	설명
hsp	0	수평 이동 속도
vsp	0	수직 이동 속도
move_sp	4	이동 속도
h_move	0	수평 이동 입력 값
v_move	0	수직 이동 입력 값

① 이번에는 움직임의 실제 구현을 위해 Events 🏳를 선택하여 이벤트 입력창을 띄웁니다.

② 팩맨을 키보드에 따른 움직임과 벽돌과 충돌시 처리를 위해 이벤트 목록창 하단에 있는 Add Event 를 클릭하여 step 메뉴 - step 이벤트를 추가합니다.

① 이벤트 목록창에서 새로 추가한  이벤트를 더블 클릭하여 코드 에디터창을 엽니다.

② 팩맨을 키보드에 따른 움직임과 벽돌과 충돌시 처리를 위해 아래과 같은 코드를 입력합니다.

팩맨 오브젝트 Step 이벤트 코드	
`key_left = keyboard_check(vk_left);`	//키보드 왼쪽 화살표 입력 체크
`key_right = keyboard_check(vk_right);`	//키보드 오른쪽 화살표 입력 체크
`key_up = keyboard_check(vk_up);`	//키보드 윗쪽 화살표 입력 체크
`key_down = keyboard_check(vk_down);`	//키보드 아랫쪽 화살표 입력 체크
`h_move = key_right – key_left;`	//좌우 어느쪽으로 움직여야 하는지 체크
`v_move = key_down - key_up;`	//위아래 어느쪽으로 움직여야 하는지 체크
`if(abs(v_move)>0){`	//위아래 움직임 입력값이 있다면
`        vsp = v_move * move_sp;`	//위아래로 움직임 속도만큼 움직임
`}`	
`else if(abs(h_move)>0){`	//좌우 움직임 입력값이 있다면
`        hsp = h_move * move_sp;`	//좌우로 움직임 속도만큼 움직임
`}`	
`if(place_meeting(x+hsp,y,o_wall)){`	//좌우로 이동시 벽돌과 충돌한다면
`        hsp=0;`	//좌우 움직임을 0으로 처리
`}`	
`if(place_meeting(x,y+vsp,o_wall)){`	//위아래로 이동시 벽돌과 충돌한다면
`        vsp=0;`	//위아래 움직임을 0으로 처리
`}`	
`x = x + hsp;`	//움직일 위치의 좌표값 설정
`y = y + vsp;`	

게임코딩

코드 설명	keyboard_check (key)

이 기능을 사용하면 키보드의 키가 눌려져 있는지 확인할 수 있습니다.

<table>
<tr><td rowspan="2">매개
변수</td><td rowspan="2">key</td><td colspan="2">사용자의 입력을 확인할 키보드의 키값입니다.

■ 숫자일 경우 숫자값 그대로 입력값 체크를 할 수 있습니다.
　　keyboard_check(9)
　　keyboard_check(0)
■ A~Z의 단일 문자 값일 경우 ord("A")와 같이 입력값 체크를 할 수 있습니다.
　　keyboard_check(ord("a"))
　　keyboard_check(ord("A"))
　　keyboard_check(ord("W"))
■ 그 외 특수 키 입력값을 체크할 수 있도록 상수(일반 변수와 달리 항상 동일한 값을 갖는 변수)로 정의해 놓은 키값이 있습니다.</td></tr>
<tr><td>
</td><td></td></tr>
</table>

vk_nokey	아무 키도 누르지 않음의 키 코드	vk_end	엔드 키
vk_anykey	키를 눌렀 음을 나타내는 키 코드	vk_delete	키 삭제
vk_left	왼쪽 화살표 키의 키 코드	vk_insert	키 삽입
vk_right	오른쪽 화살표 키의 키 코드	vk_pageup	페이지 업 키
vk_up	위쪽 화살표 키의 키 코드	vk_pagedown	페이지 다운 키
vk_down	아래쪽 화살표 키의 키 코드	vk_pause	일시 정지 / 중지 키
vk_enter	키를 입력	vk_printscreen	인쇄 화면 / sysrq 키
vk_escape	이스케이프 키	vk_f1 ... vk_f12	F1 ~ F12의 기능 키 코드
vk_space	스페이스 키	vk_numpad0 ... vk_numpad9	숫자 키패드의 숫자 키
vk_shift	Shift 키 중 하나		
vk_control	컨트롤 키 중 하나	vk_multiply	숫자 키패드의 곱하기 키
vk_alt	대체 키	vk_divide	숫자 키패드의 나누기 키
vk_backspace	백 스페이스 키	vk_add	숫자 키패드에서 키 추가
vk_tab	탭 키	vk_subtract	숫자 키패드에서 빼기 키
vk_home	홈 키	vk_decimal	숫자 키패드의 소수점

코드 설명	keyboard_check (key)
반환값	위의 함수는 true 또는 false를 반환합니다. true는 어떤 키가 눌러졌다는 의미이고, false는 어떤 키가 눌러지지 않았다는 의미입니다.

코드 설명		place_meeting(x, y, obj)
		이 기능을 사용하면 현재 인스턴스와 다른 모든 인스턴스와의 충돌 위치를 확인할 수 있습니다.
매개 변수	x	충돌여부를 확인할 x 위치입니다.
	y	충돌여부를 확인할 y 위치입니다.
	obj	충돌여부를 확인할 인스턴스입니다.
반환값		충돌시 true , 충돌이 아닐 시 false를 반환합니다.

코드 설명		abs(val)
		이 함수는 입력값을 무조건 양수 값으로 변환합니다. 즉, 양수 값이면 그대로 유지되지만 음수 이면 -1을 곱하여 양수로 만듭니다.
매개 변수	val	양수로 전환할 숫자 값입니다.
반환값		양수로 전환된 숫자 값이 반환됩니다.

■ 게임내 배경음악 넣기

게임 배경음악 넣기

① 화면 우측 패널의 사운드 폴더 선택하고 마우스 우측 클릭하여 팝업창을 엽니다.

② 팝업창에서 Create 메뉴 선택 후 ◀Ⅲ▶ Sound 를 선택합니다.

③ 새 사운드 이름을 "au_bg_sound" 로 입력합니다.

④ 사운드 선택 버튼을 클릭하여 사운드 선택 대화상자에서 미리 준비한 사운드 리소스(사운드 파일)를

게임코딩

선택합니다.

⑤  재생 컨트롤을 이용하여 사운드를 들어보고 Volume 크기를 적적한 크기로 조절합니다.

① 화면 오른쪽 에셋 브라우저 패널에서 오브젝트 폴더를 선택한 다음 마우스 오른쪽 클릭하여 팝업창을 연 다음 새 오브젝트를 선택합니다.

② 해당 오브젝트 이름을 "o_gamemanager"로 입력합니다.

③ 오브젝트의 이벤트 목록창 하단에 있는 **Add Event** 를 클릭하여 Create 이벤트를 추가합니다.

④ 추가한 Create 이벤트를 더블 클릭하여 코드 에디터를 열고 배경음악을 재생하는 코드로 audio_play_sound (au_bg_sound, 2 , true) 를 입력합니다.

코드 설명		audio_play_sound (sound_id, priority, loop)
에셋 브라우저 패널에서 만든 사운드 에셋의 사운드 아이디, 우선 순위, 반복 여부를 설정하여 게임에서 모든 사운드 리소스를 재생할 수 있습니다.		
매개 변수	sound_id	사운드 아이디는 에셋 브라우저 패널에서 사용자가 사운드 리소스(음악 파일)를 이용해 만든 사운드 에셋를 가르킵니다.
	priority	우선순위란 사운드가 재생되는 순서를 나타내는 것으로 숫자가 높을수록 우선 순위가 높으며, 우선 순위가 높은 사운드가 항상 우선 재생됩니다. 우선 순위 값은 0 ~ 100 일 수 있습니다.
	loop	사운드 루프 true이면 사용자가 중지할 때까지 반복하고, false로 설정하면 사운드가 한 번만 재생됩니다.
반환값		재생중인 사운드의 고유 ID를 반환합니다. 고유 ID를 이용하여 해당 사운드를 일시 정지하거나 중지할 수 있습니다.

■ 룸(화면)에 인스턴스를 생성하여 배치하기

룸(화면)에 오브젝트(인스턴스) 배치하기

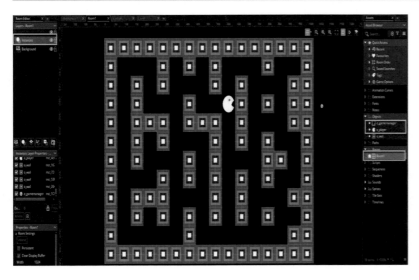

① 에셋 브라우저 패널에서 룸을 선택(더블 클릭)하여 작업창에 룸이 표시 되도록 합니다.

② 화면 왼쪽의 레이어 목록 패널에서 "Instances"레 이어를 선택합니다.

③ 화면 오른쪽 에셋 브라우저 패널의 오브젝트들(o_player , o_gamemanager)을 선택하여 룸(화면)의 적당한 곳에 배치하여 줍

니다. o_player 오브젝트는 벽돌과 겹치지 않는 곳에 적당한 곳에 배치해 주고, o_gamemanager 라는 오브젝트는 사용자에게 보이는 오브젝트가 아니므로 룸 바깥에 있는 것이 좋습니다.

④ 룸에 배치된 인스턴스들은 룸 에디터 패널의 화면 왼쪽 인스턴스 레이어 속성창에 해당 레이어에 속한 오브젝들이 생성된 순서대로 보입니다.

■ 완성된 모습 테스트하고 수정하기

실행 및 수정하기

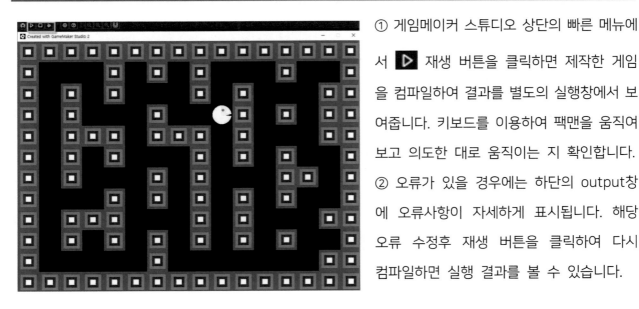

① 게임메이커 스튜디오 상단의 빠른 메뉴에서 ▷ 재생 버튼을 클릭하면 제작한 게임을 컴파일하여 결과를 별도의 실행창에서 보여줍니다. 키보드를 이용하여 팩맨을 움직여보고 의도한 대로 움직이는 지 확인합니다.

② 오류가 있을 경우에는 하단의 output창에 오류사항이 자세하게 표시됩니다. 해당 오류 수정후 재생 버튼을 클릭하여 다시 컴파일하면 실행 결과를 볼 수 있습니다.

4	Rally-X(방구차) 게임	※ 예제 파일명: Project 4

무엇을 배울까요?	■ 인스턴스 움직임에 따라 이동하는 카메라 뷰 설정을 할 수 있게 됩니다. #뷰설정, #카메라, #아이템 효과, #텍스트 화면 표시, #폰트 설정

■ 제작된 모습 미리보기 및 제작 순서 안내

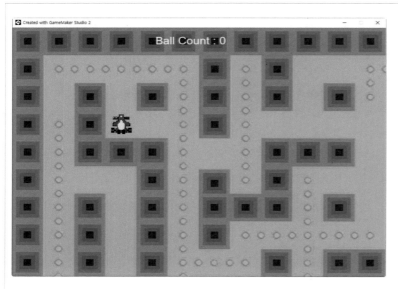

■ 이번에는 스프라이트내 자체 애니메이션을 포함하고 있는 오브젝트 생성하여 사용자 컨트롤에 따라 움직일 수 있도록 구현합니다.

■ 게임시 장애물과 충돌했을 때 움직임을 제한하고, 아이템과 접촉시에는 아이템 획득 효과를 구현합니다.

■ 게임을 할 때 자동차가 움직이는 방향에 따라 카메라 뷰가 함께 이동할 수 있도록 구현합니다.

■ 아이템을 획득했을 경우 획득한 아이템 개수를 화면에 표시할 수 있도록 합니다.

프로그램 제작 순서 안내

① 자동차 스프라이트와 스프라이트 애니메이션 만들기

② 벽돌과 아이템 스프라이트 및 오브젝트 생성하기

③ 룸(무대) 배경 및 크기 설정

④ 벽돌 오브젝트를 이용하여 장애물 연속적으로 배치하기

⑤ 자동차 오브젝트 생성, 움직임 구현 및 충돌 구현

⑥ 게임내 배경음악과 효과음 넣기

⑦ 자동차 이동에 따른 카메라 뷰 이동 처리하기

⑧ 룸(화면)에 인스턴스를 생성하여 배치하기

⑨ 아이템 효과 및 텍스트 표시 / 게임 배경음악 재생하기

⑩ 완성된 모습 테스트하고 수정하기

■ 자동차 스프라이트와 스프라이트 애니메이션 만들기

자동차 스프라이트 만들기

① 화면 우측 패널의 스프라이트 폴더 선택 ▶ 마우스 우측 클릭하여 팝업창을 엽니다.

② 팝업메뉴에서 Create 메뉴 선택하고, ▣ Sprite 를 선택합니다.

③ 스프라이트 에디터에서 ▦

를 클릭하여 56 X 56 픽셀 사이즈로 설정해줍니다.

④ 스프라이트 이름은 "s_car"로 입력합니다.

⑤ 스프라이트 애니메이션 속도 Fps는 15로 설정하고, 스프라이트 기준점은 Middle Center로 설정합니다.

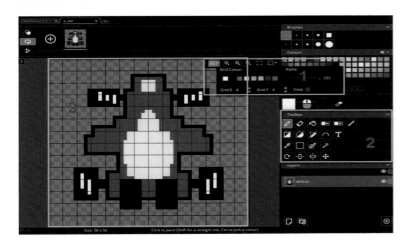

① 스프라이트 에디터에서 ▣ Edit Image 를 클릭하여 이미지 에디터를 엽니다.

② 그림을 그릴 때 정교하게 그리기 위해 그리드를 4 X 4로 설정합니다.

③ 오른쪽 그리기 툴 박스에서 사각형 도구와 선 도구를 활용하여 위와 같은 자동차 모양을 그려보세요. 계속 반복해서 그리다 보면 더 잘 그릴 수 있습니다.

자동차 스프라이트 애니메이션 만들기

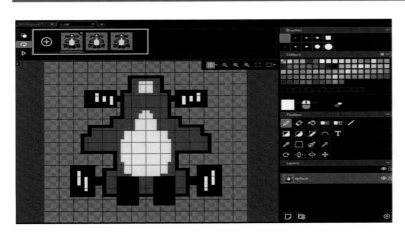

스프라이트 애니메이션을 만들기 위해서는 한 개 이상의 프레임 이미지가 필요합니다.

① 먼저 완성한 첫 번째 프레임 이미지를 복사 / 붙여넣기해서 2개의 프레임 이미지를 추가합니다. 첫 번째 프레임 이미지를 복사 / 붙여넣기하는 방법에는 2가지가 있습니다.

② **해당 프레임 복사/붙여넣기:** 첫 번째 프레임 이미지를 복사(Ctrl+C)하여 동일한 이미지 2개를 복제 (Ctrl+V)합니다.

③ **이미지 복사/붙여넣기:** ⊕를 클릭하면 빈 프레임 이미지 만든 후 ⬚를 선택하여 이미지 전체를 복사 한 후에 다른 프레임에서 원하는 위치에 클릭하면 됩니다.

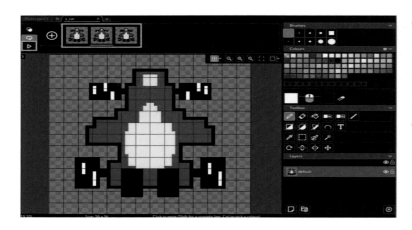

① 두 번째, 세 번째 프레임 이미지를 선택하여 바퀴가 굴러가는 효과가 날 수 있도록 이미지를 조금씩 수정합니다.

② 3개의 프레임 이미지를 수정한 다음 재생 버튼 ▶을 클릭하여 스프라이트 애니메이션을 확인하면서 부족한 부분이 있으면 조금 더 수정합니다.

■ 벽돌과 아이템 스프라이트 및 오브젝트 생성하기

벽돌 스프라이트 만들기

① 화면 우측 패널의 스프라이트 폴더 선택 ▶ 마우스 우측 클릭합니다.

② 팝업메뉴에서 Create 메뉴 선택하고 ▣ Sprite 를 선택합니다.

③ 스프라이트 에디터에서 🔀를

클릭하여 64 X 64 픽셀 사이즈로 설정해줍니다.

④ 스프라이트 이름은 "s_wall" 로 입력하고, 스프라이트의 기준점을 TopLeft(상단좌측)로 설정합니다.

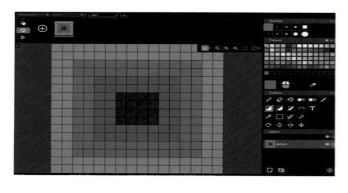

① 스프라이트 에디터에서 **Edit Image** 를 클릭 하여 이미지 에디터를 엽니다.

② 그리드를 4 X 4로 설정을 해줍니다.

③ 화면 오른쪽 그리기 툴 박스에서 사각형 그리기 도구를 사용하여 색상을 변경하면서 여러 겹의 사각형 벽돌 모양을 그려봅니다.

아이템 스프라이트 만들기

① 화면 우측 패널의 스프라이트 폴더 선택 ▶ 마우스 우측 클릭합니다.

② 팝업메뉴에서 Create 메뉴 선택하고 **Sprite** 를 선택합니다.

③ 스프라이트 에디터에서

를 클릭하여 Width 32 X Height 32 픽셀 사이즈로 설정해줍니다.

④ 스프라이트 이름은 스프라이트 접두어를 붙여서 "s_ball"로 입력합니다.

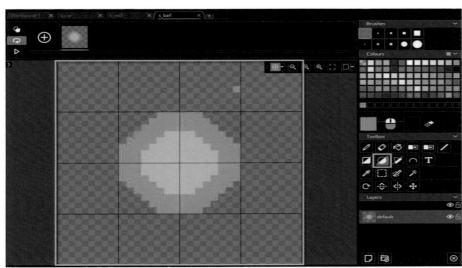

① 스프라이트 에디터에서 **Edit Image** 를 클릭하여 이미지 에디터를 엽니다.

② 그림을 그릴 때 정교하게 그리기 위해 그리드를 8 X 8로 설정을 해줍니다. 그리드 설정은 그리기 편한 설정으로 하면 됩니다.

③ 그리기 툴 박스에서 원 그리기 도구를 활용하여 게임에서 사용할 아이템 모양을 그려봅니다.

벽돌 오브젝트 생성하기

 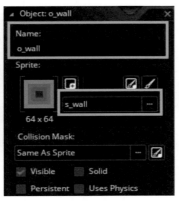

① 화면 우측 패널의 스프라이트 폴더 선택 ▶ 마우스 우측 클릭합니다.

② 팝업메뉴에서 Create 메뉴 선택하고, **Object** 를 선택합니다.

③ 벽돌 오브젝트 이름을 "o_wall"으로 입력합니다.

④ 대상 스프라이트 선택 버튼을 클릭하여 's_wall' 벽돌 스프라이트를 선택합니다.

⑤ 그 외 설정은 기본설정으로 합니다.

게임코딩

아이템 오브젝트 생성하기

① 화면 우측 패널의 스프라이트 폴더 선택 ▶ 마우스 우측 클릭합니다.

② 팝업메뉴에서 Create 메뉴 선택하고, **Object** 를 선택합니다.

③ 아이템 오브젝트 이름을 "o_ball"으로 입력합니다.

④ 대상 스프라이트 선택버튼을 클릭하여 's_ball' 아아템 스프라이트를 선택합니다.

⑤ 그 외 설정은 기본설정으로 합니다.

■ 룸(무대) 배경 및 크기 설정

룸(무대) 배경 생성

① 화면 우측 패널의 스프라이트 폴더 선택 ▶ 마우스 우측 클릭합니다.

② 팝업메뉴에서 Create 메뉴 선택하고, **Sprite** 를 선택합니다.

③ 스프라이트 에디터에서 🔳를 클릭하여 64 X 64

픽셀 사이즈로 설정하고, 스프라이트 이름은 "s_floor"로 입력합니다.

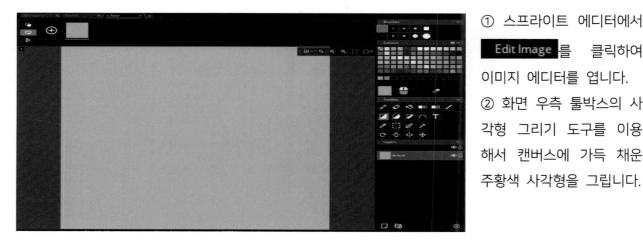

① 스프라이트 에디터에서 **Edit Image** 를 클릭하여 이미지 에디터를 엽니다.

② 화면 우측 툴박스의 사각형 그리기 도구를 이용해서 캔버스에 가득 채운 주황색 사각형을 그립니다.

룸(무대) 배경 설정

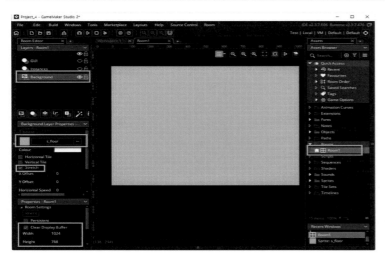

① 화면 오른쪽의 에셋 브라우저 패널에서 Room1을 더블클릭하여 선택합니다.

② 룸 에디터의 레이어 패널에서 Background레이어를 선택합니다.

③ 룸 에디터 아래쪽의 배경 레이어 속성에서 룸 배경 스프라이트 이미지로 's_floor'를 선택합니다.

④ 해당 스프라이트를 룸(무대)에 가득 채우기 위해 Stretch를 체크합니다.

⑤ 마지막으로 하단의 룸 속성 창에서 룸의 크기를 1024 X 768로 설정합니다.

■ 벽돌 오브젝트를 이용하여 장애물 연속 배치하기

벽돌 오브젝트 배치를 위한 레이어 추가하기

이번에는 벽돌 오브젝트를 사용하여 게임에 장애물 요소를 추가할 것입니다.

① 화면 왼쪽 룸 에디터의 레이어 패널에서 장애물을 배치하기 위해 인스턴스 레이어를 새로 추가합니다.

② 새로 추가한 인스턴스 레이어 이름을 'Backgroud_Instances'로 변경합니다.

벽돌 오브젝트로 장애물 연속 배치하기

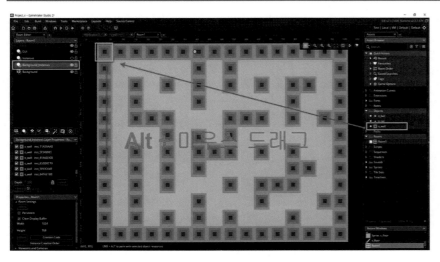

① 화면 오른쪽 에셋 브라우저 패널에서 룸(Room1)을 더블클릭하여 선택합니다.

② 화면 왼쪽 룸 에디터 패널의 레이어 목록 창에서 Background_Instances 레이어를 선택합니다.

③ 오브젝트 폴더에서 'o_wall' 오브젝트를 선택하여 룸에 배치합니다.

게임코딩

④ **한 개씩 드래그하여 생성하기:**
화면 에셋 브라우저 패널에서 벽돌 오브젝트를 선택한 다음 드래그해서 화면에 계속 배치할 수 있습니다.

⑤ **한 개씩 복사하여 연속적으로 생성하기:**
화면 에셋 브라우저 패널에서 벽돌 오브젝트를 선택한 다음 Alt 키를 누른 채로 마우스를 움직이면 'o_wall' 오브젝트가 마우스에 붙어 있는 것을 확인할 수 있습니다. 그리고, 룸 화면을 클릭하면 클릭한 위치에 오브젝트가 복사되어 생성됩니다.

⑥ **자동으로 이어 붙여서 연속적으로 생성하기:**
화면 에셋 브라우저 패널에서 벽돌 오브젝트를 선택한 다음 Alt 키를 누른 채로 마우스 왼쪽을 클릭한 채로 드래그하면 자동으로 이어 붙은 상태로 겹치지 않게 벽을 쉽게 생성할 수 있습니다.

■ 자동차 오브젝트 생성, 움직임 구현 및 충돌 구현

자동차 오브젝트 생성하기

① 화면 우측 패널의 에셋 브라우저 패널에서 오브젝트 폴더 선택 ▶ 마우스 우측 클릭하여 팝업창을 엽니다.
② 팝업메뉴에서 Create 메뉴 선택 - ⬛ Object 를 선택합니다.
③ 새 오브젝트 이름으로 "o_car"를 입력합니다.
④ 해당 오브젝트의 스프라이트 이미지로 's_car'를 선택합니다.

자동차 오브젝트 생성 및 움직임 구현

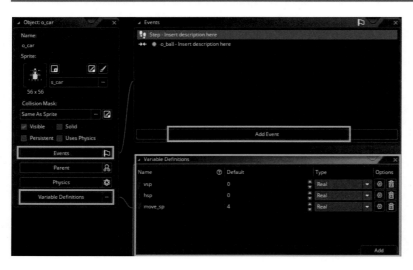

① ⬛ Variable Definitions ··· 를 클릭하여 변수를 선언 및 초기값을 입력합니다.
② 필요한 2개(Step이벤트와 아이템 충돌이벤트)의 이벤트를 추가하기 위해 ⬛ Events ⚑ 를 선택하여 이벤트 목록창을 띄웁니다.
③ 현재 오브젝트의 이벤트 목록창에서 ⬛ Add Event 를 클릭하여

- 114 -

step 이벤트와 충돌 이벤트를 추가합니다.

변수명	값	설명
vsp	0	수직 이동 속도
hsp	0	수평 이동 속도
move_sp	4	이동 속도

o_car 오브젝트 Step 이벤트 구현

① Step이벤트에서는 자동차를 키보드 입력에 따른 움직임 처리와 자동차가 벽돌과 충돌시의 움직임 처리를 위해 아래와 같이 코드를 입력합니다.

```
//키보드 입력 체크
key_left = keyboard_check(vk_left);
key_right = keyboard_check(vk_right);
key_up = keyboard_check(vk_up);
key_down = keyboard_check(vk_down);
key_press = keyboard_check(vk_space);
//이동 방향 체크
h_move = key_right - key_left;
v_move = key_down - key_up;
//수직이동이라면
if(abs(v_move)>0){
    vsp = v_move * move_sp;
    hsp = 0;
}
```

```
else if(abs(h_move)>0){   //수평이동이라면
    hsp = h_move * move_sp;
    vsp = 0;
}
```

// 벽돌 충돌 여부 체크, 실제 충돌 체크는 이동 예상지점(+hsp, +vsp 값을 더해서)을 확인하여 충돌 체크해야 함.

```
if(place_meeting(x+hsp,y,o_wall)) hsp=0;
if(place_meeting(x,y+vsp,o_wall)) vsp=0;
```

//차량 회전 처리

```
if(key_left>0 && abs(hsp)>0) image_angle=90;
if(key_right>0 && abs(hsp)>0) image_angle=270;
if(key_up>0 && abs(vsp)>0) image_angle=0;
if(key_down>0 && abs(vsp)>0) image_angle=180;
```

//자동차 실제 이동처리

```
x = x + hsp;
y = y + vsp;
```

o_car 오브젝트 o_ball과의 충돌 이벤트 구현

① o_ball과의 충돌 이벤트에서 아이템 획득 처리와 사운드 효과를 주기 위해 아래와 같이 입력합니다.

//획득 아이템 증가
```
o_gamemanger.ball_count++;
audio_play_sound(au_item,2,false);
```

//볼 아이템 제거
```
instance_destroy(other);
```

■ 게임 배경음악과 효과음 생성

게임 배경음악 생성

① 화면 우측 패널의 사운드 폴더 선택 ▶ 마우스 우측 클릭하여 팝업창을 엽니다.
② 팝업메뉴에서 Create 메뉴 선택 후 **Sound** 를 선택하여 새 사운드 에셋을 생성합니다.

③ 사운드 접두어 au를 붙여서 "au_bg_music" 이름으로 사운드를 생성합니다.
④ 사운드 불러오기 버튼 **…** 을 클릭하여 "bg_sound"라는 음악을 선택합니다.

게임 효과음 생성

① 게임 배경음악을 만들 때와 같은 방법으로 사운드 에셋의 접두어로 au를 붙여서 "au_item" 이름으로 게임 효과음을 만듭니다.

■ 자동차 이동에 따른 카메라 뷰 이동 처리하기

이번에는 자동차가 게임 속에서 이동할 때 정해진 크기 내에서 카메라 뷰가 같이 이동하도록 해보겠습니다.

벽돌 스프라이트 만들기

 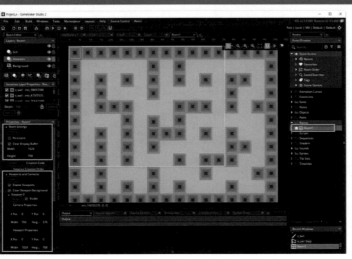

① 화면 오른쪽의 에셋 브라우저 패널에서 Room1을 더블클릭하여 선택합니다.
② 화면 왼쪽의 룸 에디터 패널에서 하단의 룸 속성 창에서 Viewports and Cameras 탭을 클릭하여 속성값들이 모두 보이도록 합니다.

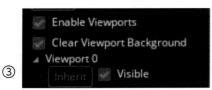 ③ 해당 속성값에서 3가지를 체크합니다.

카메라 영역 지정을 위한 뷰포트 사용 체크, 뷰포트 이동에 따른 잔상을 남기지 않기 위해 뷰포트 배경지우기, 대상 뷰포터인 Viewport0 Visible 3가지 사항을 체크합니다.

 ④ 카메라가 표시되는 실제 화면 영역(뷰포트)의 크기를 768 X 576으로 설정합니다.

 ⑤ 카메라가 따라 다닐 대상 오브젝트로 o_car를 선택합니다.
⑥ Horizontal Border와 Vertical Border 값은 대상 오브젝트가 카메라 뷰의 경계에 해당 픽셀 값만 큼 가까이 다가갔을 때 이동할 수 있도록 하는 경계값을 해당 오브젝트의 크기를 고려하여 1/2크기인 32픽셀로 입력합니다.

■ 룸 속성 편집기(Room Properties) 알아보기

게임메이커 스튜디오에서 룸(Room)은 게임을 제작할 때 반드시 한 개 이상 있어야 하며 게임의 모든 일들이 일어나는 장소이자 무대입니다.

기본적으로 룸 자체도 하나의 객체(오브젝트)라고 볼 수 있으며, 룸에는 여러 가지 속성값과 실행 메소드(명령어)를 자체적으로 가지고 있습니다.

룸에 속한 코드 실행 순서는 뒤의 이벤트 호출 순서 내용을 참고해서 필요한 코드를 작성하면 됩니다.

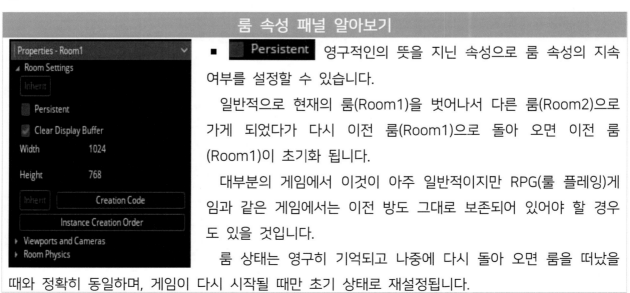

룸 속성 패널 알아보기

■ **Persistent** 영구적인의 뜻을 지닌 속성으로 룸 속성의 지속 여부를 설정할 수 있습니다.

일반적으로 현재의 룸(Room1)을 벗어나서 다른 룸(Room2)으로 가게 되었다가 다시 이전 룸(Room1)으로 돌아 오면 이전 룸(Room1)이 초기화 됩니다.

대부분의 게임에서 이것이 아주 일반적이지만 RPG(롤 플레잉)게임과 같은 게임에서는 이전 방도 그대로 보존되어 있어야 할 경우도 있을 것입니다.

룸 상태는 영구히 기억되고 나중에 다시 돌아 오면 룸을 떠났을 때와 정확히 동일하며, 게임이 다시 시작될 때만 초기 상태로 재설정됩니다.

룸 속성 패널 알아보기

■ **☑ Clear Display Buffer** 디스플레이 버퍼 지우기 옵션을 선택하면 디스플레이 버퍼가 게임 배경을 해당 색상으로 빠르게 채워 넣을 수 있습니다. 게임 화면이 움직이는 경우 게임을 최적화하는 데 도움이 됩니다.

※ 특히 게임 옵션에서 화면을 자동 종횡(가로세로)비 보정으로 사용하는 경우 항상 이 옵션을 선택해야 합니다.

■ 방은 반드시 너비와 높이를 픽셀 단위로 입력한 값으로 크기가 설정되어 있어야 합니다.

■ **Creation Code** 룸 자체도 하나의 객체로 볼 수 있으며, 여기에 직접 코드를 작성할 수 있습니다.

※ 여기는 룸 시작 시에 모든 인스턴스의 이벤트 생성 후 룸 시작 이벤트 전에 실행될 기능 및 동작 코드를 입력할 수 있습니다, 이 코드는 룸이 영구적으로 표시되지 않는 한 입장 할 때마다 실행됩니다. 영구적으로 표시된 경우에는 룸에 처음 입장 할 때 한 번만 실행되지만 이후 다시 룸을 방문할 때는 해당 코드는 다시 실행되지 않습니다.

■ 룸 속성 패널 속 마지막에 위치하고 있는 **Instance Creation Order** 버튼을 사용하면 현재 룸에서의 인스턴스 생성 순서 목록을 볼 수 있습니다. 이 창에는 룸의 모든 인스턴스가 생성되는 순서대로 (위에서 아래로) 나열됩니다. 다른 인스턴스보다 먼저 특정 인스턴스가 생성되어야 하는 경우 간단히 클릭 드래그하여 원하는 위치로 이동하면 됩니다. 인스턴스는 목록의 위에서 아래 순서는 배치되는 순서대로 생성됩니다.

게임코딩

카메라 및 뷰포트 설정

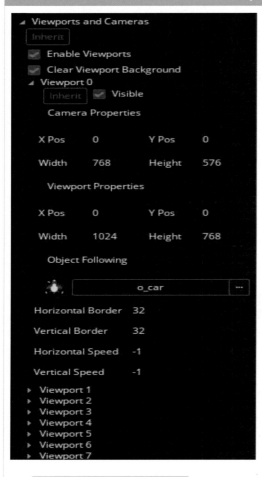

뷰포트와 카메라 속성은 룸의 다른 부분을 그리거나 전체 화면 위에 방의 일부만 그리는 경우에도 필요합니다. 예를 들어 멀티 게임에서 화면의 한 부분에는 한 명의 플레이어가 표시되고 다른 부분에는 다른 플레이어가 표시되는 분할 화면 설정도 만들 수 있습니다.

■ **Enable Viewports**를 통해 뷰포트 사용여부를 설정할 수 있습니다.

※ 카메라(Camera) : 룸 내 화면에 룸이 표시되는 방법을 설정하는 데 사용되는 지점입니다

※ 카메라 뷰(Camera View) : 카메라의 위치, 투영 및 회전을 기반으로 카메라가 보는 것

※ 뷰 포트(View Port) : 카메라 뷰가 표시되는 실제 화면 영역

■ **Camera Properties** 카메라 뷰는 항상 룸의 직사각형 영역으로 정의되며, 여기에서 왼쪽 상단 모서리 위치, 너비 및 높이를 지정합니다.

■ **Viewport Properties** 뷰 포트를 정의하여 화면의 창에서 이 영역이 표시되는 위치를 지정해야합니다. 다시 왼쪽 상단 모서리의 위치와 크기를 지정합니다.

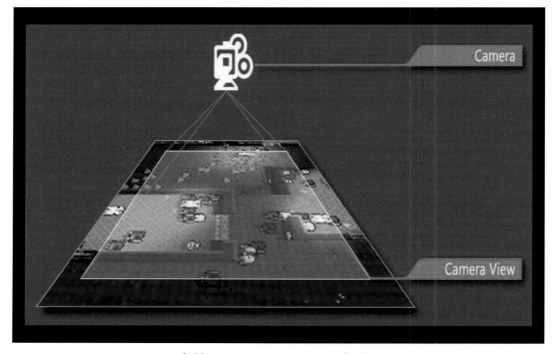

<출처: GameMaker Studio 홈페이지>

- 120 -

카메라 및 뷰포트 설정

예를 들어, Room에 640x480 카메라 뷰를 가지고 있고 포트를 320x240으로 설정하면 화면에서 해당 크기의 포트로 축소된 뷰를 표시하고 동일한 작업을 수행 할 수 있습니다. 반대로 640x480 카메라 뷰를 가지고 있고 포트를 1024 x 768로 설정하면 이미지가 포트 크기에 맞게 확대되고 실행시 화면보다 크게 표시됩니다. 이러한 방식으로 화면의 동일한 영역에 더 많거나 적은 공간을 표시하도록 카메라 속성을 변경하면서 화면(포트) 크기를 유지할 수 있습니다.

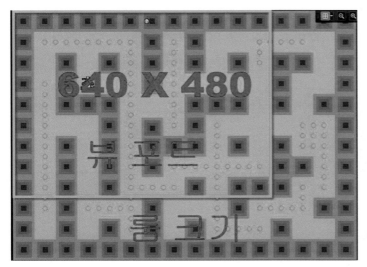

<작업에서 보이는 화면 크기>

<실행 게임 화면 크기>

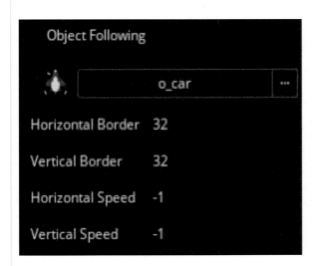

■ 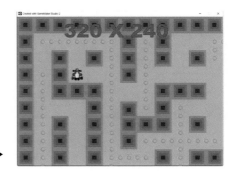 (카메라 추적 객체): 카메라 추적 객체는 카메라가 따라 다닐 특정 대상을 지정하는 것입니다. o_car 를 클릭하여 대상 객체를 선택하면 됩니다. 카메라의 일반적인 움직임은 추적 대상 인스턴스가 뷰의 항상 가운데에 위치한 채로 이동하는 것이 아니고, 가장자리 주위에 보이지 않는 경계에 가까이 갔을 때만 카메라가 해당 방향으로 움직이는 것입니다.

■ Horizontal Border 32 Vertical Border 32 카메라 이동에 대한 수직 수평 경계 영역을 지정할 수 있습니다. 가장자리를 경계로 안쪽 32픽셀을 뺀 경계보다 바깥으로 벗어 날 때 카메라 이동이 일어난다고 보시면 됩니다.

카메라 및 뷰포트 설정

■ 카메라가 이동하는 수평 및 수직 속도를 표시 할 수 있으며 기본값은 -1입니다. 이 기본값은 기본적으로 "순간"이며 추적 대상 인스턴스가 가로 테두리 또는 세로 테두리 경계 영역을 벗어나는 순간 뷰가 대상의 현재 위치로 건너 뜁니다. 값이 0이면 카메라 뷰가 전혀 움직이지 않으며, 다른 양수 값은 프레임에서 이동할 픽셀 수입니다. 따라서 수평 속도를 5로 설정하면 뷰가 프레임당 5픽셀로 이동합니다.

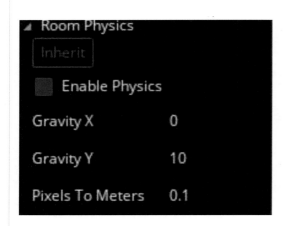

■ 게임에서 내장 물리 기능을 사용하기 전에 해당 룸이 물리 룸임을 GameMaker Studio 2에 알려야 합니다. 이렇게 하려면 룸 물리 섹션 상단에서 물리 활성화 옵션을 선택해야 합니다. 물리 속성은 룸에서 물리 인스턴스가 작동하도록 하기 전에 미리 정의해야 하는 몇 가지 기본 속성입니다. 게임 세계를 보다 정확하게 제어하려면 코드를 사용하여 제어할 수 있습니다.

■ 룸에서 게임의 물리 세계를 활성화한다는 것은 룸의 모든 인스턴스가 물리 함수와 변수를 사용하여 움직여야 한다는 것을 의미합니다.

기본적으로 인스턴스의 X / Y 위치를 설정하거나 속도와 방향을 설정할 수 있는 "전통적인" 움직임이 있으며, 물리적인 힘과 임펄스가 움직여야하는 "물리적" 움직임이 있습니다.

이러한 시스템은 상호 배타적이며 비 물리 함수를 사용하여 물리 인스턴스를 이동할 수 없으며 물리 함수를 사용하여 비 물리 인스턴스를 이동할 수 없습니다.

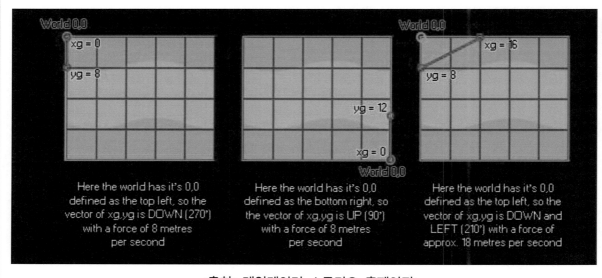

<출처: 게임메이커 스튜디오 홈페이지>

카메라 및 뷰포트 설정

■ **Gravity X** 0
  Gravity Y 10 게임 세계의 중력을 설정하는 것입니다. 이것의 강도와 방향은 (0, 0) 점을 중심으로 설정 한 x / y 위치의 벡터로 계산됩니다. 따라서 x 0과 y 10은 초당 10 미터의 힘으로 중력 방향을 아래쪽으로 작동하는 것으로 설정합니다.

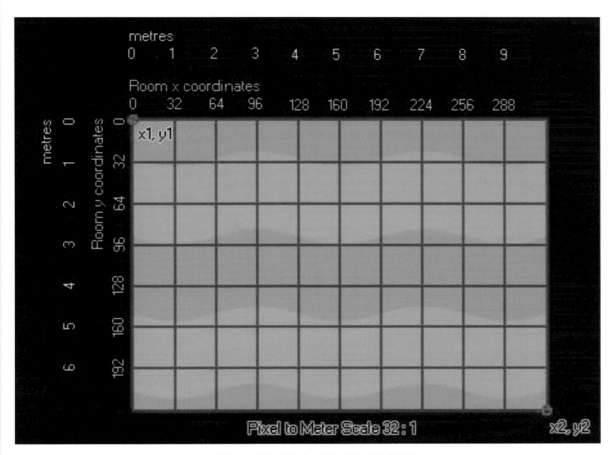

<출처: 게임메이커 스튜디오 홈페이지>

■ **Pixels To Meters** 0.1 GameMaker Studio 2의 픽셀 대 미터 비율을 모든 물리 계산의 기본으로 사용하도록 설정해야 합니다. 이는 물리 함수가 실제 측정에서 작동하기 때문에 이 값을 설정해야 하는 이유입니다. 실제 세계에서 화면의 픽셀 대 미터 비율을 정의합니다.

※ 32픽셀 : 1미터의 비율은 1/32 (또는 0.03125)로 지정됩니다.
위의 그림은 현재 룸에서 32 픽셀의 스케일 비율이 1 미터에 해당하는 물리 세계를 만드는 것을 뜻합니다.

■ 룸(화면)에 인스턴스를 생성하여 배치하기

룸(화면)에 오브젝트(인스턴스) 배치하기

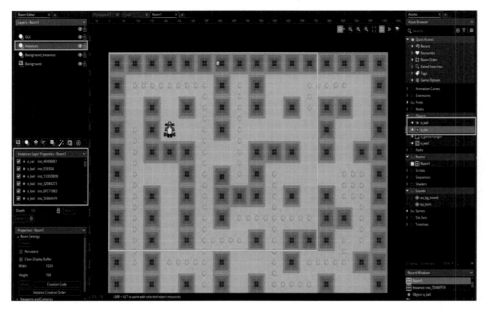

① 화면 오른쪽 에셋 브라우저 패널에서 룸(Room1)을 선택(더블클릭)하여 작업화면에 룸(Room1)이 표시 되도록 합니다.

② 화면 왼쪽 룸 에디터 패널에서 제일 상단의 레이어 목록 창의 "Instances"레이어를 선택합니다.

③ 화면 우측 에셋 브라우저 패널의 오브젝트(o_ball, o_car, o_gamemanager)들을 선택 드래그하여 배치합니다.

④ o_ball 오브젝트는 Alt 키를 눌러 복사하고 싶은 부분을 클릭 드래그하여 연속해서 배치할 수 있습니다.

⑤ o_gamemanager오브젝트는 배치하고 나면 화면에 나타나는 스프라이트가 없기 때문에 물음표로 표시됩니다. 물음표 표시는 실제 게임이 실행되면 보이지 않습니다.

⑥ 룸에 배치된 인스턴스들은 왼쪽 인스턴스 레이어 속성창에 보입니다.

■ 아이템 효과 및 화면에 텍스트로 표시

자동차가 획득한 아이템 개수를 화면에 표시해보도록 하겠습니다. 기본 폰트로 표시해도 되지만 크기와 폰트 종류 및 스타일을 사용자가 직접 정의해서 사용해보도록 하겠습니다.

폰트 생성하기

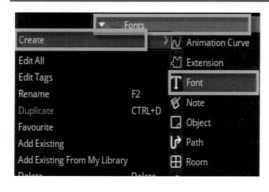

① 화면 오른쪽의 에셋에디터 패널의 Font(폰트) 폴더 선택 ▶ 마우스 우측 클릭하여 팝업메뉴를 띄웁니다.

② 팝업 메뉴에서 Create - T Font 를 선택합니다.

① 폰트 편집기에서 폰트 이름과 사용할 폰트 종류를 설정합니다.
② 폰트 크기와 폰트 스타일을 지정합니다. 이렇게 지정한 폰트는 오른쪽 미리보기에서 확인할 수 있습니다.

아이템 획득 효과 및 화면표시를 위한 오브젝트 생성하기

 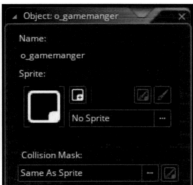

① 화면 오른쪽 에셋 브라우저 패널의 오브젝트 폴더에서 마우스 오른쪽 클릭하여 팝업창을 엽니다.
② 팝업 메뉴에서 Create - Object를 선택하여 새로운 오브젝트를 생성하여 오브젝트 이름을 "o_gamemanager"로 설정합니다.

아이템 획득 효과 및 화면에 텍스트로 표시하기

① ▨ Variable Definitions ▨ 를 클릭하여 변수를 선언 및 초기값을 입력합니다.
② 필요한 2개(Create 이벤트와 Draw GUI 이벤트)의 이벤트를 추가하기 위해 ▨ Events ▨ 를 선택하여 이벤트 목록창을 띄웁니다.
③ 현재 오브젝트의 이벤트 목록창에서 ▨ Add Event ▨ 를 클릭하여 Crate 이벤트와 Draw GUI 이벤트를 추가합니다.

여기서는 Draw GUI 이벤트만 구현하고, Create 이벤트는 배경음악 부분에서 구현하도록 하겠습니다.

변수명	값	설명
ball_count	0	자동차가 획득한 볼 아이템 수

게임코딩

o_gamemanager 오브젝트 Create 이벤트 구현

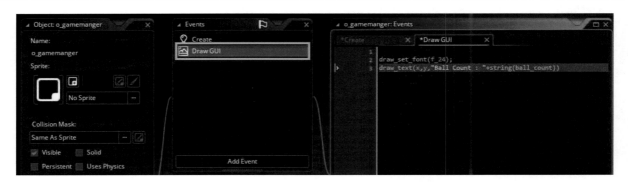

① 이벤트 목록창에서 Draw GUI 이벤트를 더블 클릭합니다.
② 코드 에디터창에서 아래와 같은 코드를 직접 입력해 줍니다.

```
//사용할 폰트를 f_24로 지정함.
draw_set_font(f_24);

//o_gamemanager의 x, y 위치에 "Ball Count : 0"으로 표시함.
draw_text(x,y,"Ball Count : "+string(ball_count))
```

코드 설명	draw_set_font (font)
게임에서 사용할 모든 문자 그릴 때 사용될 글꼴을 설정합니다. 사용할 글꼴은 폰트 에셋에 초가되어 있어야 합니다.	

매개 변수	font	사용할 폰트 이름입니다.
반환값		없습니다.

코드 설명	draw_text (x , y , text)
이 함수를 사용하면 룸 어디든 문자열을 그릴 수 있습니다. 만약 숫자를 표시하고 싶다면 string() 함수를 문자에 감싸면 됩니다. 문자열을 결합하고 싶으면 +를 사용하면 됩니다. 줄바꿈을 하고 싶으면 '₩n' 문자열 안에 넣으면 됩니다.	

매개 변수	x	텍스트를 표시할 x 위치 값입니다.
	y	텍스트를 표시할 y 위치 값입니다.
	text	표시할 텍스트입니다.
반환값		없습니다.

■ 게임 배경음악 재생하기

o_gamemanager의 Create 이벤트 구현

① [Add Event] 를 클릭하여 Create 이벤트를 추가하여 인스턴스가 생성될 때 배경음악이 바로 재생될 수 있도록 합니다.
② 이벤트 목록창에서 Create 이벤트를 더블 클릭하여 코드입력창을 열고 아래의 코드를 입력합니다.

```
//배경음악 재생
audio_play_sound ( au_bg_sound , 1 , true )
```

■ 완성된 모습 테스트하고 수정하기

실행 및 수정하기

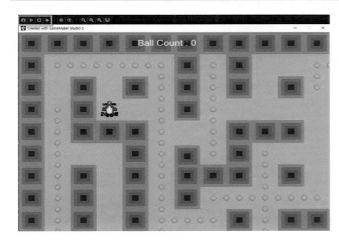

① 게임메이커 스튜디오 상단의 빠른 메뉴에서 ▷ 재생 버튼을 클릭하면 제작한 게임을 컴파일하여 결과를 별도의 실행창에서 보여줍니다. 키보드를 이용하여 자동차를 움직여 보고 의도한 대로 움직이는 지 확인합니다.

② 오류가 있을 경우에는 하단의 output창에 오류사항이 자세하게 표시됩니다. 해당 오류 수정후 재생버튼을 클릭하여 다시 컴파일하면 실행 결과를 볼 수 있습니다.

메모하기

| 5 | 날아오는 운석 피하기 게임 1 | ※ 예제 파일명: Project 4 |

| 무엇을 배울까요? | ■ 실행 중에 인스턴스를 프로그래밍적으로 생성 및 제거할 수 있게 됩니다.
이미지 효과, #인스턴스 생성, #인스턴스 제거, #알람 타이머 활용, #게임 종료 |

■ **제작된 모습 미리보기 및 제작 순서 안내**

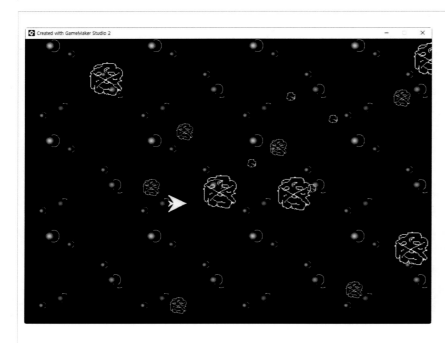

■ 이번에는 게임 배경에 스프라이트 애니메이션을 넣어서 우주 공간 속에서 우주선이 실제 움직이는 것처럼 보이는 효과를 줍니다.

■ 우주를 배경으로 3가지 크기의 운석들이 랜덤하게 생성되며 속도도 랜덤하게 해서 우주선을 위협하고, 운석들이 룸(무대)을 벗어 났을 경우 자동으로 제거되도록 합니다.

■ 비행기가 운석과 충돌했을 경우 바로 화면 전환하지 않고 3초 후 게임이 종료되며 프로그램 창도 같이 닫히도록 합니다.

프로그램 제작 순서 안내

① 우주선과 운석 스프라이트 생성 및 충돌 마스크 설정하기
② 우주 배경 스프라이트 제작 및 배경 애니메이션 적용하기
③ 게임에 필요한 효과음과 배경음악 생성하기
④ 우주선과 운석 오브젝트 생성 / 충돌 설정 / 효과음 설정하기
⑤ 운석 인스턴스 생성 및 제거 코드 작성하기
⑥ 룸(화면)에 인스턴스를 생성하여 배치하기
⑦ 완성된 모습 테스트하고 수정하기

■ 우주선과 운석 스프라이트 생성 및 충돌 마스크 설정하기

우주선 스프라이트 만들기

① 화면 우측 에셋 브라우저 패널에서 스프라이트 폴더 선택 ▶ 마우스 우측 클릭합니다.

② 팝업메뉴에서 Create 메뉴 선택 - Sprite 를 선택합니다.

③ 스프라이트 에디터에서 ⟦⟧를 클릭하여 48 X 48 픽셀 사이즈로 설정해줍니다.

④ 스프라이트 이름은 "s_player"로 입력합니다.

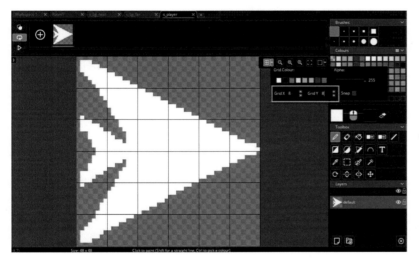

① 스프라이트 에디터에서 새 이미지를 만들기 위해 Edit Image 를 클릭하여 이미지 에디터를 엽니다.

② 그림을 그릴 때 정교하게 그리기 위해 그리드 설정을 8 X 8로 설정합니다.

③ 그리기 툴 박스에서 선 도구와 채우기 도구를 활용하여 그림과 같은 우주선 모양을 그려보세요.

우주선 충돌 마스크 설정하기

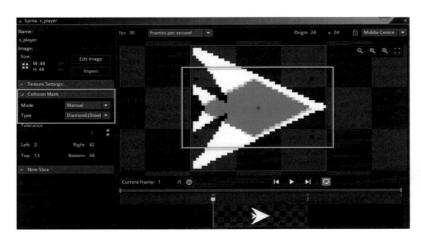

우주선의 충돌 감지 영역을 별도로 설정할 수 있습니다. 운석이 우주선 근처에 왔을 때 우주선이 폭발하면 폭발에 대한 실감 효과가 조금 떨어지게 됩니다.

① 스프라이트 에디터의 좌측에서 Collision Mask 탭을 클릭합니다.

② 마스크 충돌 모드는

게임코딩

Automatic이 아니라 Manual로 선택해 줍니다.

③ 꼭짓점에 있는 검은 사각형 조절점을 이용하여 마스크 영역을 직접 설정할 수 있는데, 그림과 같이 우주선 안쪽으로 마스크 영역을 설정합니다.

운석 스프라이트 만들기

① 화면 우측 에셋 브라우저 패널에서 스프라이트 폴더 선택 ▶ 마우스 우측 클릭합니다.

② 팝업메뉴에서 Create 메뉴 선택 - Sprite 를 선택합니다.

③ 스프라이트 에디터에서 [아이콘]를 클릭하여 96 X 96 픽셀 사이즈로 설정해줍니다.

④ 스프라이트 이름은 "s_stone_large"로 입력합니다.

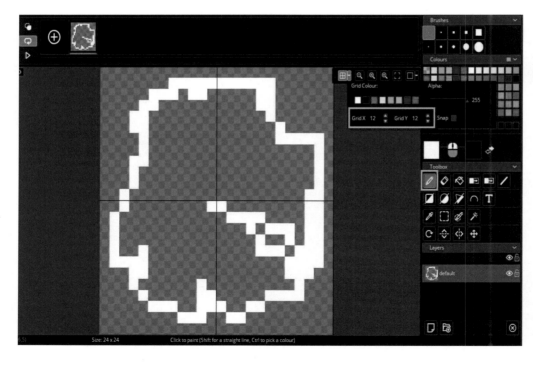

① 스프라이트 에디터에서 Edit Image 를 클릭하여 이미지 에디터를 엽니다.

② 그림을 그릴 때 정교하게 그리기 위해 그리드 설정을 12 X 12로 해줍니다.

③ 그리기 툴 박스에서 선 도구를 활용하여 위와 같은 운석 모양을 그려보세요.

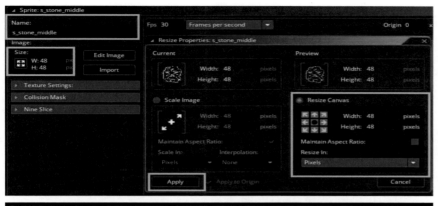

① s_stone_large 스프라이트를 만든 것과 동일한 방법으로

48 X 48 픽셀 사이즈의 "s_stone_middle" 스프라이트,

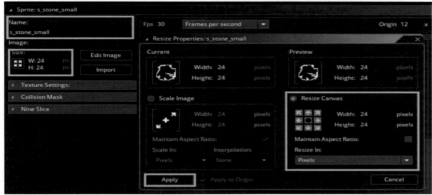

24 X 24 픽셀 사이즈의 "s_stone_small" 운석 스프라이트를 만듭니다.

■ 우주 배경 스프라이트 제작 및 배경 애니메이션 적용하기

먼 우주 배경 스프라이트 만들기

 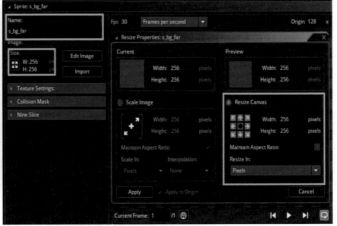

① 화면 우측 패널의 스프라이트 폴더 선택 ▶ 마우스 우측 클릭합니다.

② 팝업메뉴에서 Create 메뉴 선택하고, ▣ Sprite 를 선택합니다.

③ 스프라이트 에디터에서 ▨를 클릭하여 256 X 256픽셀 사이즈로 설정해줍니다.

④ 스프라이트 이름은 "s_bg_far"로 입력합니다.

게임코딩

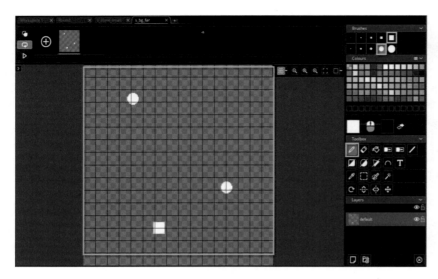

① 스프라이트 에디터에서 Edit Image 를 클릭하여 이미지 에디터를 엽니다.
② 그림을 그릴 때 정교하게 그리기 위해 그리드 설정을 8 X 8로 해줍니다.
③ 툴 박스에서 선 도구와 채우기 도구를 활용하여 위와 같은 별 모양을 그려보세요.

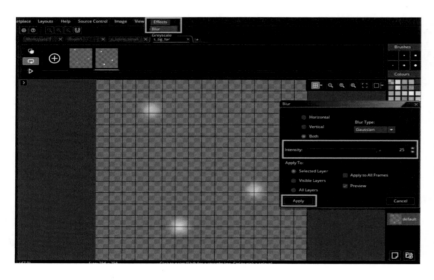

멀리서 반짝이는 별의 느낌을 주기 위해 이미지 효과(Effects)를 주도록 하겠습니다.

① 상단의 Effects 메뉴 – Blur 를 선택하여 대화상자를 엽니다.
② Intensity(빛의 강도)를 조절하여 번지는 효과(Blur)를 줍니다. 강도 세기는 편집창을 확인하면서 적절하게 조절하면 됩니다.

가까운 우주 배경 스프라이트 만들기

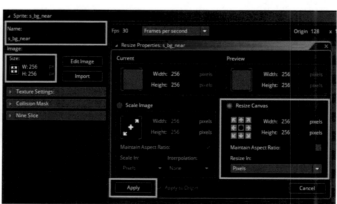

① 화면 우측 패널의 스프라이트 폴더 선택 ▶ 마우스 우측 클릭합니다.
② 팝업메뉴에서 Create 메뉴 선택하고, Sprite 를 선택합니다.

③ 스프라이트 에디터에서 ✥ 를 클릭하여 256 X 256픽셀 사이즈로 설정해줍니다.
④ 스프라이트 이름은 "s_bg_near"로 입력합니다.

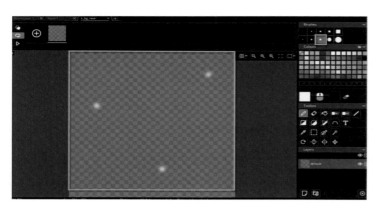

① 스프라이트 에디터에서 **Edit Image** 를 클릭하여 이미지 에디터를 엽니다.

② 그리기 툴 박스에서 선 도구와 채우기 도구를 활용하여 점을 찍습니다.

③ 멀리 있는 별 효과를 주기 위해 조금 전에 했던 블러(Blur)효과를 줍니다.

배경 애니메이션 적용하기

① 화면 오른쪽 에셋 브라우저 패널에서 룸 폴더 내에 있는 Room1을 선택합니다.

② 화면 왼쪽 룸 에디터의 레이어 패널에서 🖼를 클릭하여 배경 레이어를 추가 해 줍니다.

③ 레이어를 천천히 두 번 클릭하거나 F2를 누르면 선택한 레이어의 이름을 변경할 수 있습니다. 레이어 이름은 Backgroupd_near로 변경합니다.

① 먼 우주 배경 레이어(Backgroud)를 선택합니다.

② 배경 레이어 속성창에서 스프라이트를 s_bg_far를 선택합니다.

③ 스프라이트 크기가 룸 크기보다 작으므로 반복해서 보일 수 있도록 **Horizontal Tile** **Vertical Tile** 를 선택합니다.

③ 가로축으로 오른쪽에서 왼쪽으로 흘러가는 애니메이션 효과를 주기 위해 먼 배경이므로 천천히 움직이도록 –0.2를 입력합니다

① 가까운 우주 배경 레이어(Backgroud_near)를 선택합니다.

② 배경 레이어 속성창에서 스프라이트를 s_bg_near를 선택합니다.

③ 스프라이트 크기가 룸 크기보다 작으므로 반복해서 보일 수 있도록 **Horizontal Tile** **Vertical Tile** 를 선택합니다.

③ 가로축으로 오른쪽에서 왼쪽으로 흘러가는 애니메이션 효과를 주기 위해 가까운 배경이므로 조금 빨리 움직이도록 –0.5를 입력합니다.

게임코딩

■ 게임에 필요한 효과음과 배경음악 생성하기

폭파 효과음과 배경음악 생성하기

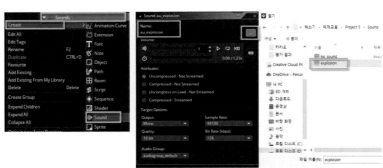

① 화면 우측 패널의 사운드 폴더 선택 ▶ 마우스 우측 클릭하여 팝업창을 띄웁니다.
② 팝업창에서 Create 메뉴 선택 후 ◀▮▮ Sound 를 선택합니다.
③ 폭파 효과음으로 접두어 au를 붙

여서 "au_explosion"이름으로 사운드를 생성합니다.

④ 사운드 불러오기 ▮▮▮ 를 클릭하여 폭파 사운드 리소스(파일) "explosion" 파일을 선택합니다.

⑤ 사운드를 재생 ▷ ⟳ ◁◁ 해보고 적절한 크기로 조절해 줍니다.

■ 우주선과 운석 오브젝트 생성 및 움직임 설정하기

우주선 오브젝트 생성 하기

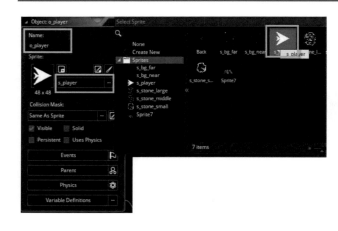

① 화면 우측 패널의 스프라이트 폴더 선택 ▶ 마우스 우측 클릭합니다.
② 팝업메뉴에서 Create 메뉴 선택하고, ▢ Object 를 선택합니다.
③ 새로 만드는 오브젝트 이름은 접두어 'o'를 붙여서 "o_player"로 입력합니다.
④ 스프라이트 선택 버튼을 클릭하여 우주선 스프라이트 's_player'를 선택합니다.

우주선 움직임 설정하기

① o_player 오브젝트의 이벤트 창에서 Add Event 를 클릭하여 Step 이벤트를 추가해 줍니다.
② Variable Definitions 를 클릭하여 우주선의 움직임 제어를 위한 변수 선언 및 초기화를 해줍니다.

변수명	값	설명
vsp	0	수직 이동 속도
hsp	0	수평 이동 속도
fric	0.2	비행선 멈추기 위한 마찰 계수
accel	2	비행기 가속도
max_speed	5	비행기 최대속도

o_player 오브젝트 Step 이벤트 구현

① 이벤트 목록창에서 step 이벤트를 더블 클릭하여 코드 입력창을 엽니다.

② 아래와 같이 코드를 위와 같이 입력합니다.

```
//우주선 x 위치를 24 ~ room_width - 24 사이에 위치하도록 함
x = clamp(x , 24 , room_width - 24);
//우주선 y 위치를 24 ~ room_height - 24 사이에 위치하도록 함
y = clamp(y , 24 , room_height - 24);

//우주선 이동을 위한 키보드 입력 체크를 위해 필요한 임시 변수
var _up,_down,_left,_right,_h_move,_v_move;

_up =       keyboard_check(vk_up);
_down =     keyboard_check(vk_down);
_left = keyboard_check(vk_left);
_right =          keyboard_check(vk_right);

//우주선이 오른쪽 왼쪽, 위 아래 중에서 어디로 움직여야 하는지 체크
_h_move = _right - _left;
_v_move = _down - _up;
```

```
//만약에 좌우 움직임이 있다면
if(_h_move !=0){
//좌우로 움직일 수 있도록 가속도를 더해줌
  hsp = _h_move * accel;
//속도 값도 최소,최대값 사이에서 설정될 수 있도록 해줌.
  hsp = clamp(hsp,-max_speed,max_speed);
}
else        //만약에 좌우 움직임이 없다면 상하 움직임을 마찰력만큼
{           //점점 감속하도록 하여 0이 되도록 함.
  hsp = lerp(hsp,0,fric);
}


//만약에 상하 움직임이 있다면
if(_v_move !=0){
//상하로 움직일 수 있도록 가속도를 더해줌
  vsp += _v_move * accel;
//속도 값도 최소,최대값 사이에서 설정될 수 있도록 해 줌.
  vsp = clamp(vsp,-max_speed,max_speed);
}
else {                     //만약에 상하 움직임이 없다면 상하 움직임을 마찰력만큼
  vsp = lerp(vsp,0,fric);          //점점 감속하도록 하여 0이 되도록 함.
}


//실제 움직일 수 있도록 x,y 좌표 값으로 입력해 줌.
x += hsp;
y += vsp;
```

코드 설명	clamp (val , min , max)		
이 함수를 사용하면 지정된 범위 사이에서 입력값을 유지할 수 있습니다.			
매개 변수	val	지정된 범위에 위치할 값입니다.	
	min	지정된 범위의 최소값입니다.	
	max	지정된 범위의 최대값입니다.	
반환값	지정된 범위에 고정할 값을 반환합니다.		

운석 오브젝트 생성하기

① 화면 우측 패널의 스프라이트 폴더 선택 ▶ 마우스 우측 클릭합니다.

② 팝업메뉴에서 Create 메뉴 선택하고, 를 선택합니다.

③ 오브젝트 이름은 접두어 o를 붙여서 "o_stone_large"로 입력합니다.

④ 스프라이트 선택 버튼을 클릭하여 운석(s_stone_large) 스프라이트를 선택합니다.

⑤ o_stone_large 오브젝트 생성과 동일한 방법으로 o_stone_middle 오브젝트(s_stone_middle 스프라이트)와 o_stone_small(s_stone_small 스프라이트) 오브젝트를 만듭니다.

운석 움직임 설정

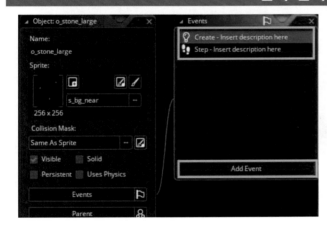

① 화면 오른쪽 에셋 브라우저 패널의 오브젝트 폴더에서 "o_stone_large" 운석 오브젝트를 더블 클릭하여 선택합니다.

② 선택한 오브젝트의 이벤트 목록창에서 Add Event 를 클릭하여 Create 이벤트와 Step 이벤트를 추가합니다.

o_stone_large 오브젝트 Create 이벤트 구현

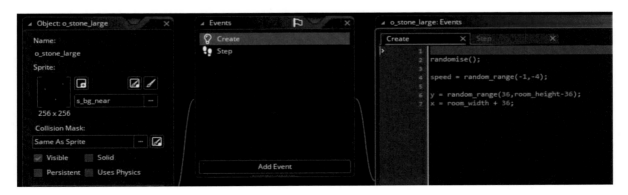

게임코딩

① 비행기 움직임에 관한 초기값 설정을 위해 Create 이벤트를 더블 클릭하여 코드 입력창에 위와 같은 코드를 입력합니다.

```
//랜덤 시드를 무작위로 초기화 합니다.
randomise();

//왼쪽으로 움직일 수 있도록 속도값을 -1에서 -4사이의 값중에서 선택되도록 합니다.
speed = random_range(-1,-4);

// 최초 y 좌표값은 36 ~ room_height – 36 사이 위치하도록 합니다.
// 36은 오브젝트 크기가 완전히 가려져서 화면에 보이지 않는 면이 없도록 하기 위한 최소값입니다.
y = random_range(36 , room_height – 36);

//최초 x 좌표값은 room_width + 36 에 위치하도록 합니다.
x = room_width + 36;
```

o_stone_large 오브젝트 Step 이벤트 구현

② 화면을 벗어나서 제거해야 하는지를 검사하기 위해 Step 이벤트를 더블 클릭하여 코드 입력창에 위와 같은 코드를 입력합니다.

```
// 만약 x좌표값이 o_stone_large.sprite_width/2 (화면에서 완전히 사라진 위치) 위치에 있다면
화면에서 인스턴스를 제거하고, destory이벤트 호출은 하지 않도록 합니다.
// 운석은 화면 오른쪽 x+room_width에서 0으로 움직이기 때문에 0근처에서 또는 0보다 작으면
사라지도록 해주면 됩니다.

if (x < o_stone_large.sprite_width/2 )
{
        instance_destroy(self,false);
}
```

o_stone_middle 운석 움직임 설정

① 화면 오른쪽 에셋 브라우저 패널의 오브젝트 폴더에서 "o_stone_middle" 운석 오브젝트를 더블 클릭하여 선택합니다.

② 선택한 오브젝트의 이벤트 목록창에서 Add Event 를 클릭하여 Create 이벤트와 Step 이벤트를 추가합니다.

③ Create 이벤트 코드와 Step 이벤트 코드는 o_stone_large와 동일하게 입력합니다.

o_stone_samll 운석 움직임 설정

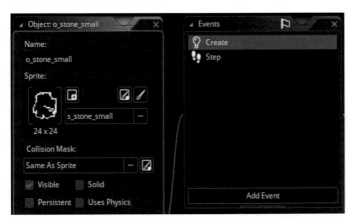

① 화면 오른쪽 에셋 브라우저 패널의 오브젝트 폴더에서 "o_stone_small" 운석 오브젝트를 더블 클릭하여 선택합니다.

② 선택한 오브젝트의 이벤트 목록창에서 Add Event 를 클릭하여 Create 이벤트와 Step 이벤트를 추가합니다.

③ Create 이벤트 코드와 Step 이벤트 코드는 o_stone_large와 동일하게 입력합니다.

코드 설명	randomise ( ) or randomize ( )
이 함수를 사용하면 랜덤에 사용할 시드를 임의의 값으로 설정합니다. 여러 번의 게임 실행에서 일관된 값을 유지해야 하는 경우 random_set_seed () 를 사용해야합니다. GameMaker Studio 2에서 난수 함수를 사용할 때 초기 시드는 항상 동일하므로 추적 오류와 디버깅이 훨씬 쉬워집니다. 실제 무작위로 테스트하려면 게임 시작 시 이 함수를 호출해야 합니다. 이 함수는 새로운 무작위 시드 값 (부호없는 32 비트 정수)을 반환합니다	
반환값	부호 없는 32비트 정수값을 반환합니다.

코드 설명	random_range (n1 , n2)
이 함수를 사용하면 지정된 범위 사이의 실수 값의 난수를 반환합니다. 이 함수는 GameMaker Studio 2가 디버깅 코드를 훨씬 쉽게 하기 위해 매번 동일한 초기 랜덤 시드를 생성하기 때문에 게임이 새로 실행될 때마다 동일한 값을 반환합니다. 이 동작을 피하려면 게임 시작시 randomise () 를 사용하면 됩니다. 예) random_range (20,50) 은 20에서 50 사이의 난수를 반환하지만 반환값은 38.65265와 같은 실수 일 수 있습니다. 정수값으로 반환받고 싶을 경우 irandom_range(n1 , n2)를 사용하면됩니다.	

매개 변수	n1	난수를 선택할 범위의 최소값입니다.
	n2	난수를 선택할 범위의 최대값입니다.
반환값		n1 과 n2사이의 랜덤한 실수값을 반환합니다.

■ 우주선과 운석 오브젝트 충돌 설정

우주선과 운석 충돌 이벤트 설정

① o_player 오브젝트의 이벤트 창에서 Add Event 를 클릭하여

Collision -> Objects > -> 충돌할 대상 오브젝트 (o_stone_large)을 선택합니다.

o_playe와 o_stone_large의 충돌 이벤트 구현

① 이벤트 목록창에서 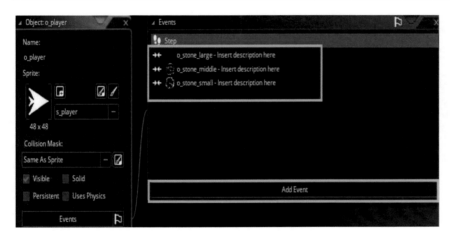 를 클릭하여 코드 입력창을 열고 아래의 코드를 입력합니다.

```
//충돌 사운드 재생
audio_play_sound(au_explosion,2,false);
//비행기 폭발
instance_destroy(self);
```

o_player와 o_stone_middle, o_stone_small과의 충돌 이벤트 구현

① o_stone_large의 충돌 이벤트와 같은 방법으로 o_stone_middle 오브젝트, o_stone_small 오브젝트와도 충돌 이벤트를 설정하고 동일한 충돌 이벤트 코드를 입력합니다.

코드 설명	instance_destroy([instance_id , execute_event_flag]);	
이 함수를 사용하면 지정된 인스턴스를 룸에서 제거할 수 있습니다. 예) instance_destroy (other) 예) instance_destroy (other , false) 예) instance_destroy (obj_Bullet)		
매개 변수	instance_id	제거 할 인스턴스 ID 또는 object_index이며, 생략할 경우 호출한 인스턴스가 제거됩니다.
	execute_event_flag	Destroy 이벤트를 수행하거나 수행하지 않으려면 true 또는 false 로 설정할 수 있으며, 기본값은 true입니다.
반환값		없습니다.

게임코딩

■ 게임매니저를 통한 운석 인스턴스 무작위 생성하기

게임매니저 오브젝트 생성 및 이벤트 추가하기

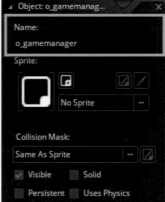

① 화면 우측 패널의 스프라이트 폴더 선택 ▶ 마우스 우측 클릭합니다.

② 팝업창에서 Create 메뉴 선택 후 `Object` 를 선택합니다.

③ 새로 추가한 오브젝트 이름을 "o_gamemanager"로 입력합니다.

① Step이벤트에서 랜덤한 시간으로 Alarm를 호출하면, Alarm 이벤트에서 운석을 생성할 예정입니다.

② 오브젝트의 이벤트 창에서 `Add Event` 를 클릭하여 Create 이벤트 , Step 이벤트 , Alarm 0 이벤트를 추가해 줍니다.

o_gamemanager 오브젝트의 Create 이벤트 구현

① 이벤트 목록창에서 Create 이벤트를 선택하여 코드 입력창을 연 다음 아래의 코드를 입력합니다.

```
//au_bg_sound를 무한으로 반복되게 재생합니다.
audio_play_sound(au_bg_sound,1,true)
```

o_gamemanager 오브젝트의 Step 이벤트 구현

① 이벤트 목록창에서 Step 이벤트를 선택하여 코드 입력창을 연 다음 아래의 코드를 입력합니다.

```
//alarm 0을 1~room_speed/2사이의 시간에 호출하도록 설정함.
alarm[0] = random_range(1,room_speed/2)
```

o_gamemanager 오브젝트의 Alarm0 이벤트 구현

① 이벤트 목록창에서 Alarm 0 이벤트를 선택하여 코드 입력창을 연 다음 아래의 코드를 입력합니다.

```
//o_stone_large,o_stone_middle,o_stone_samll 중에서 하나를 선택하여 Instances레이어에 인스
턴스를 생성합니다.
instance_create_layer(x,y,"Instance",choose(o_stone_large,o_stone_middle,o_stone_samll));

//alarm 0을 1~room_speed/2사이의 시간에 다시 호출하도록 설정함.
alarm[0] = random_range(1,room_speed/2)
```

코드 설명	alarm [index] = step_time
GameMaker Studio 2에는 기본적으로 각 오브젝트마다 12개의 알람이 내장되어 있으며, alarm[인덱스] = 시간 값을 통해 호출 시간을 설정할 수 있으며, 해당 시간이 되면 해당 이벤트가 호출됩니다.	

매개 변수	index	0 ~ 11까지 알람 배열 인덱스입니다
	step_time	해당 알람이 호출될 시간 값으로 step_time / room_speed(초)후에 실행된다는 의미입니다.
반환값		현재 step_time 값을 반환합니다. 만약 –1이라면 실행되지 않고 있다는 의미입니다.

게임코딩

코드 설명	instance_create_layer (x , y , layer_name , obj)

이 함수를 사용하면 특정 레이어 층의 임의의 x, y 좌표에 지정된 객체의 새 인스턴스를 생성할 수 있습니다. 레이어는 레이어 이름 (룸 에디터의 레이어 패널에 보이는 레이어의 이름)을 입력해주면 됩니다

이 함수에서 반환한 새 인스턴스의 ID를 통해 해당 인스턴스에 액세스하는 데 사용할 수 있습니다.

매개 변수	x	인스턴스가 생성될 x 위치
	y	인스턴스가 생성될 y 위치
	layer_name	생성된 인스턴스가 배치될 레이어 이름
	obj	인스턴스를 생성할 오브젝트의 이름
반환값		생성된 새 인스턴스의 ID 값을 반환합니다.

코드 설명	Choose (val0, val1, val2 ... max_val)

랜덤 선택을 위해 숫자 이외의 것을 지정하거나 원하는 숫자가 실제 순서 또는 설정 범위가 연속적이지 않은 경우가 있습니다. 이 경우 choose () 를 사용하여 랜덤 값을 선택할 수 있습니다. (인수가 많을수록 함수 구문 분석 속도가 느려집니다)

매개 변수	val0, val1, val2 ... max_val	문자열, 정수, 변수 또는 상수 등의 값일 수 있습니다.
반환값		입력된 인수들 중에서 선택된 인수 값을 반환합니다.

■ 룸(무대)에 인스턴스를 생성하여 배치하기

룸(무대)에 인스턴스를 생성하여 배치하기

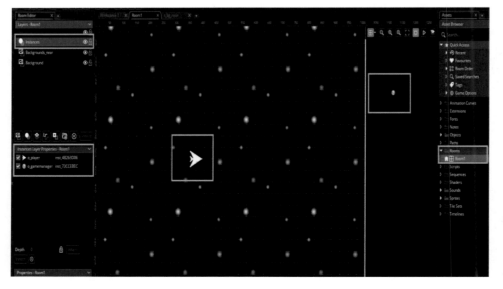

게임에 필요한 오브젝트들을 화면에 배치시켜 보겠습니다.

① 화면 우측 에셋 브라우저 패널에서 룸(Room1)을 선택합니다.

② 인스턴스를 룸에 배치하기 위해 화면 좌측 룸 에디터 패널

의 레이어 패널에서 Instances 레이어를 선택합니다.

③ 에셋 브라우저 패널의 오브젝트들 중에서 "o_player"오브젝트를 드래그하여 화면 중앙에 위치시킵니다.

④ 에셋 브라우저 패널의 오브젝트들 중에서 "o_gamemanager" 오브젝트를 드래그하여 화면 바깥에 위치시킵니다. o_gamemanager 인스턴스는 어디에 있어도 상관없으나, 작업 화면내에 있으면 방해될 수도 있기 때문에 가능하면 룸(무대) 바깥에 위치시키는 것이 좋습니다.

■ 완성된 모습 테스트하고 수정하기

실행 및 수정하기

① 게임메이커 스튜디오 상단의 빠른 메뉴에서 ▶ 재생 버튼을 클릭하면 제작한 게임을 컴파일하여 결과를 별도의 실행창에서 보여줍니다. 키보드를 이용하여 우주선을 움직여 보고 의도한 대로 움직이는지 확인합니다.

② 오류가 있을 경우에는 하단의 output 창에 오류사항이 자세하게 표시됩니다. 해당 오류 수정후 재생버튼을 클릭하여 다시 컴파일 하면 실행 결과를 볼 수 있습니다.

메모하기

6	날아오는 운석 피하기 게임 2	※ 예제 파일명: Project 6

무엇을 배울까요?	▪운석의 이동 경로(Path)를 다양하게 만들 수 있게 됩니다.
	#이동 경로(Path), #이동 경로(Path) 레이어, #경로(Path) 수정, , #경로(Path) 에디터

■ 제작된 모습 미리보기 및 제작 순서 안내

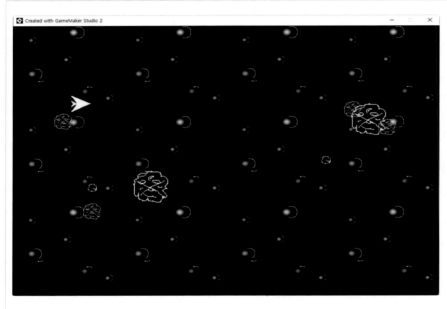

▪ 이번 프로젝트는 이미 만들어 놓은 Project 5 프로젝트 파일을 활용하여 이번 예제를 완성할 예정입니다.

▪ 이번에는 배경에 스프라이트 애니메이션을 넣어서 우주 공간 속에서 우주선이 실제 움직이는 것처럼 보이게 효과를 줍니다.

▪ 운석이 생성되어 움직이는 경로를 미리 설정된 경로 중에서 선택할 수 있게 하여, 운석의 움직임을 좀 더 다양하게 할 수 있습니다.

▪ 경로는 경로 레이어에 위치해야 하며, 필요한 만큼 만들 수 있습니다.

▪ 경로는 경로 에디터 창에서 좀 더 세밀하게 수정할 수 있습니다.

프로그램 제작 순서 안내

① 운석이 이동할 경로(Path) 만들기(2가지 방법)

② 경로(Path) 편집기 사용방법

③ 룸 화면에서 경로(Path) 수정하기

④ 운석 생성시 경로(Path) 선택 코드 입력하기

⑤ 우주선 폭발시 게임 종료하기

⑥ 게임 실행속도 조절하기

⑦ 프로그램 실행 및 테스트 하기

■ 운석 이동 경로(Path) 만들기

경로(Path) 에디터를 이용한 운석 이동 경로(Path) 만들기

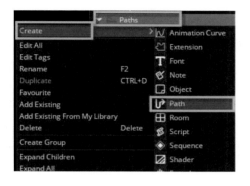

① 화면 우측 브라우저 에셋 패널의 Path 폴더 선택 ▶ 마우스 우측 클릭합니다.

② 팝업메뉴에서 Create 메뉴 - 〔Path〕를 선택합니다.

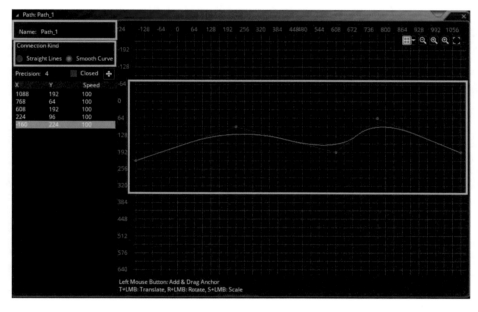

① 새로운 경로 이름 (Name)에 접두어 'Path' 를 붙여서 Path_1으로 이름을 입력합니다.

② 경로(Path) 종류에서 경로의 연결방식을 지정할 수 있으며, 부드러운 움직임을 주기 위해 Smooth Curve를 선택합니다.

③ 좌표 화면에 점을 찍어 원하는 이동 경로를

만들면 됩니다. 경로 에디터 화면에 보이는 세로 좌표 / 가로 좌표는 룸(무대)의 좌표와 동일합니다.

④ 작업이 끝나면 창을 닫으면 경로가 완성됩니다.

룸에서 직접 운석 이동 경로(Path) 만들기

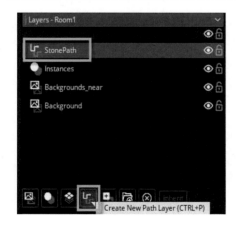

① 화면 좌측 룸 에디터의 레이어 패널에서 하단에 있는 추가 버튼을 이용하여 새로운 경로 레이어를 추가합니다.

② 새로 추가한 경로 레이어 이름을 StonePath로 변경합니다.

① 추가한 레이어를 선택한 상태에서 경로를 만들기 위해 레이어 패널 아래의 경로 레이어 속성 패널에서 Select Path... 버튼을 클릭합니다.

② 에셋 선택상자에서 Create New 를 클릭합니다.

③ 경로 연결방식을 Smooth Curve로 선택합니다.

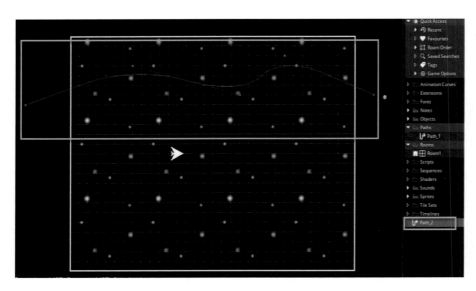

① 룸 화면에서 원하는 위치에 마우스를 클릭하여 이동 경로를 생성하면 됩니다.

점을 드래그해서 경로를 수정할 수 있습니다. 룸에서 생성하면 화면 전체를 보면서 이동 경로를 만들 수 있기 때문에 더 쉽게 경로를 쉽게 만들 수 있습니다.

② 이렇게 생성된 경로(Path) 에셋은 화면 우측의 에셋 폴더내 Paths 폴더 내에 생성되지 않고 에셋 브라우저 패널 제일 하단에 위치해 있습니다.

③ Path 이름을 F2키를 눌러 'Path_2'로 이름을 변경한 다음 Path_2 드래그하여 Paths 폴더(Paths)내로 이동시켜 줍니다.

④ 작업이 끝나도 화면에 선택된 경로가 보일 수 있습니다. 경로 에셋 선택상자에서 none을 선택하면 화면에서 경로가 보이는 것이 사라집니다.

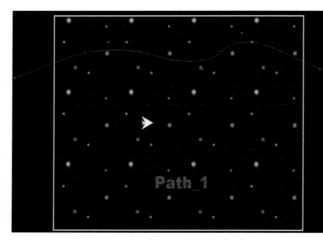

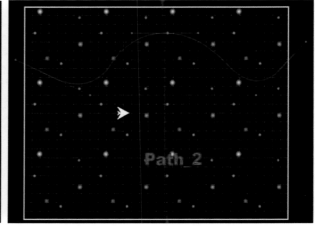

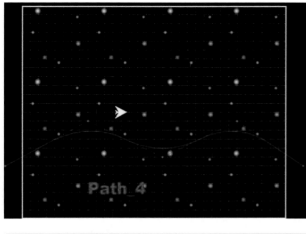

① 위에서 만들어진 다섯 개의 경로 (Path_1, Path_2, Path_3, Path_4, Path_5) 그림을 참고하여 여러분만의 경로를 만들어 줍니다.

■ 경로 편집기(Path Editor) 사용방법

경로 편집기에서 새로운 경로들을 만들어 준 다음 객체의 생성 이벤트에서 동작 (또는 코드)을 배치하여 특정 인스턴스가 해당 경로들을 따라 움직이도록 지정할 수 있습니다. 특정 경로의 세부 설정을 통해 경로를 따라 이동하는 속도와 룸(무대)내 경로의 위치 및 방향과 관련된 여러가지 다른 옵션들도 함께 설정할 수 있습니다. 화면 오른쪽에 있는 에셋 브라우저 폴더에서 팝업 메뉴를 이용하여 경로(Path)를 처음 만들게 되면 아래의 화면과 같은 경로 편집기 창이 자동으로 열립니다.

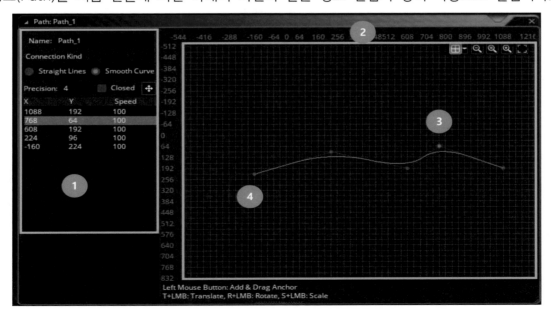

경로 편집기		인스턴스의 이동에 필요한 경로를 생성할 수 있습니다.
번호	이름	설명
❶	경로 속성	■ **경로 이름(Name)** : 경로로 사용할 이름을 지정할 수 있습니다. 게임 내에서 식별 가능한 이름으로 만듭니다. 접두어로 "path_"를 사용하는 것이 좋습니다. ■ **연결 종류(Connection Kind)** : 경로를 연결할 때 사용할 형태를 의미합니다. 직선 또는 곡선 형태로 연결할 수 있습니다. ■ **정밀도(Precision)** : 연결 지점의 부드러운 정도를 지정할 수 있습니다. 기본값은 4이고, 1에 가까울수록 직선의 형태를 지니고, 8이 가장 부드러운 연결 형태를 지닙니다. <출처: 게임메이커 홈페이지> ■ **경로 위치와 속도(X, Y, SPEED)** : 오른쪽의 기본 편집기에 점을 배치하여 위치를 정의 할 수 있습니다. 각 점은 여기에 위치 및 속도와 함께 목록에 추가됩니다. 패스 포인트의 속도값은 인스턴스가 패스를 따라 이동하는 속도의 백분율로 정의됩니다. 기본 속도값은 100%이며, 목록의 위치값과 속도값 항목을 더블 클릭하여 직접 수정할 수도 있습니다.
❷	편집기	편집기의 좌표를 참고하여 클릭하여 경로를 추가 할 수 있습니다. 편집 창의 아무 곳이나 클릭하면 경로 포인트가 추가됩니다. 편집기에 배치되면 점을 드래그하여 위치를 이동할 수 있습니다.
❸	선택된 노드	포인트를 선택한 다음 마우스 오른쪽 버튼을 클릭하면 편집기 창에 추가 메뉴가 표시됩니다. ■ **포인터 삭제:** 선택한 경로 포인트를 삭제합니다. ■ **경로로 이동:** 편집기의 보기를 선택한 경로 중심으로 편집기 뷰가 이동합니다. ■ **반전:** 경로 포인트의 순서를 반대로 바꿉니다. 시작이 끝이 되고, 끝이 시작이 됩니다. ■ **뒤집기:** 가로 축을 따라 전체 경로를 뒤집습니다. ■ **거울:** 세로 축을 따라 전체 경로를 뒤집습니다.

번호	이름	설명
④	경로 노드	경로는 단순히 선으로 연결된 점들의 모음입니다. 편집기에서 마우스를 클릭하여 경로의 포인트를 배치합니다. 룸 편집기 화면의 아무 위치에 포인트를 추가할 수 있으며, 포인트 목록에 연속적으로 추가되어 연결 경로를 만듭니다. 연결선이나 다른 노드 근처에 점을 배치하면 기존 경로 포인트 사이에 새로운 경로로 추가됩니다.

■ 룸 화면에서 경로 직접 수정하기

룸 화면에서 경로 직접 수정하기

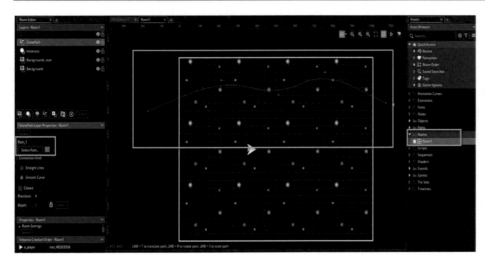

① 화면 우측의 에셋 브라우저 패널에서 룸(Room1)을 더블클릭하여 룸 화면이 표시되도록 합니다.
② 화면 좌측의 룸 에디터에서 ⌐ StonePath 경로 레이어를 선택합니다.
③ 경로 레이어 속성 창에서 Select Path... 를 클

릭하여 수정할 경로를 선택하면 룸위에 선택한 경로가 표시됩니다.
④ 룸에 배치된 경로를 보고 경로 포인트를 조절하여 수정하면 됩니다.

■ 운석 생성시 경로(Path) 선택 코드 입력하기

운석 생성시 경로(Path) 선택 코드 입력하기

o_stone_large 오브젝트의 Create 이벤트 구현

- 151 -

게임코딩

① 화면 우측의 에셋 브라우저 패널의 오브젝트 폴더 내 "o_stone_large" 오브젝트를 더블클릭하여 선택합니다.

② 해당 오브젝트의 이벤트 목록창에서 Create 이벤트를 선택하여 더블클릭하여 코드 입력창을 열어서 다음의 코드로 수정합니다.

```
//기존의 이동코드 2줄은 주석처리를 해줍니다.
// 경로를 따라 이동할 것인지 랜덤하게 선택
_path = choose(true, false);

if ( _path )  // 만약 경로를 따라 이동할 경우라면
{
    // 다섯 개의 경로중에 하나를 선택하여 경로를 따라 이동하고, 경로끝에서 멈춤
    path_start(choose(Path_1,Path_2,Path_3,Path_4,Path_5),speed,path_action_stop, true);
}
else    // 경로를 따라 이동하지 않는 경우는 y 좌표를 랜덤하게 위치하게 함.
{
        // 운석이 조금이라도 보이도록 하기 위해 임의(36)값을 더해줌
        y = random_range(36,room_height-36);

        // 우측 룸 바깥에서 이동해 오기 위해 room_width값을 더해줌
        x = room_width + 36;
}
```

코드 설명		path_start (path, speed, endaction, absolute)	
이 함수는 선택된 경로를 따라 인스턴스의 이동을 계획하는 데 사용됩니다. 코드 또는 경로 편집기로 경로를 만들 수 있으며, 게임에서 사용할 인스턴스 내에서 사용됩니다.			
매개 변수	path	인스턴스가 이동할 경로 이름입니다.	
	speed	경로를 따라 이동할 속도입니다. 음수면 뒤로 이동합니다.	
	endaction	경로 끝에 도달했을 때 수행할 작업입니다.	
		path_action_stop	이동 끝내기
		path_action_restart	경로가 닫히지 않은 경우 시작 위치에서 경로를 따라 다시 이동함.
		path_action_continue	현재 위치에서 계속 이동함.
		path_action_reverse	경로를 따라 뒤로 이동함.
	absolute	인스턴스가 이동할 때 절대 경로를 따라 움직여야 하는지, 아니면 현재 위치를 시작점으로 하여 경로를 따라 움직이는 상대 경로를 따라 움직여야 하는지 여부를 선택합니다.	
반환값		없습니다.	

■ 우주선 폭발시 게임 종료하기

우주선이 운석과 충돌하면 폭발하게 될 것입니다. 우주선이 폭발되었을 경우 게임을 종료하려고 하면 우주선에 코드를 넣어 주면 우주선이 사라짐과 동시에 게임 창이 닫히게 되어 어색한 게임 종료 화면이 연출됩니다. 따라서 게임시작과 게임 종료 관련한 코드는 GameManager 에서 관리하는 것이 좋습니다.

우주선 폭발시 게임 종료하기

o_gamemanager 오브젝트의 Alarm 1 이벤트 구현

① 화면 오른쪽 에셋 브라우저 패널에서 o_gamemanager 오브젝트를 더블 클릭하여 선택한 후, 해당 오브젝트의 이벤트 목록에 Alarm1 이벤트를 추가합니다.
② game_end()라는 게임 종료 코드를 넣습니다.

o_player 오브젝트의 운석 충돌 이벤트 구현

운석과 충돌시 게임을 종료하기 위한 이벤트 코드를 입력합니다.

운석과 충돌시 자연스러운 게임 종료를 위해서 바로 게임이 종료되어 화면이 전환되는 것이 아니라 일정 시간 후(1초 정도)에 게임매니저의 Alarm을 호출하여 여기서 게임을 종료하도록 합니다.

① 오른쪽 에셋 브라우저 패널에서 우주선 오브젝트를 선택하여 우주선과 운석 충돌 이벤트 코드 편집 창을 엽니다.
② o_stone_large 오브젝트, o_stone_middle 오브젝트, o_stone_small 오브젝트와의 충돌 이벤트에 o_gamemanager.alarm[1]=60를 입력하여 1초 후에 충돌했을 때마다 게임 메니저 내의 Alarm이 호출되도록 합니다.

■ 게임 실행속도 조절하기

게임메이커 스튜디오에서는 게임 실행속도를 나타나는 데 Fps(Frames per second)라는 단위를 사용합니다. Fps의 의미는 1초에 실행할 프레임 수를 의미하는 것으로 60fps는 1초에 60개의 프레임을 재생한다는 의미입니다.

우리가 보는 영화나 동영상도 이와 같이 각각의 정지 사진들을 초당 몇장의 사진을 보여주느냐로 24fps, 32fps 등으로 표시합니다.

fps는 프로그램 내 게임 옵션을 통해 개발자가 임의로 변경할 수 있습니다.

게임 실행속도 조절하기

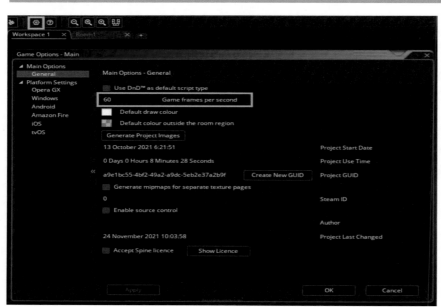

① 상단 빠른 메뉴바의 ⚙ (Game Option)메뉴를 클릭하여 게임 옵션 대화상자를 엽니다.

② 왼쪽 메뉴에서 Main Options – General 메뉴를 선택합니다.

③ Game frames per second에 적혀 있는 숫자값을 변경하여 게임 속도를 조절할 수 있습니다.

■ 실행 및 수정하기

실행 및 수정하기

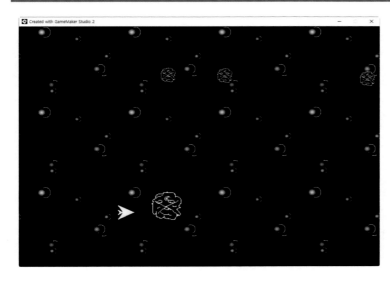

① 게임메이커 스튜디오 상단의 빠른 메뉴에서 ▷ 재생 버튼을 클릭하면 제작한 게임을 컴파일하여 결과를 별도의 실행창에서 보여줍니다. 키보드를 이용하여 비행선을 움직여 보고 의도한 대로 움직이는 지 확인합니다. 또, 운석들이 경로를 따라 다양하게 생성되어 움직이는 지 확인합니다.

② 오류가 있을 경우에는 하단의 output창에 오류사항이 자세하게 표시됩니다. 해당 오류 수정후 재생 버튼을 클릭하여 다시 컴파일하면 실행 결과를 볼 수 있습니다.

메모하기

| 7 | 날아오는 운석 피하기 게임 3 | ※ 예제 파일명: Project 7 |

| 무엇을 배울까요? | ■룸 전환 및 게임 상황을 화면에 표시할 수 있게 됩니다.

#인스턴스 생성, #룸 전환, #게임 종료, #화면 표시, #새 게임 시작, #스크립트 |

■ 제작된 모습 미리보기 및 제작 순서 안내

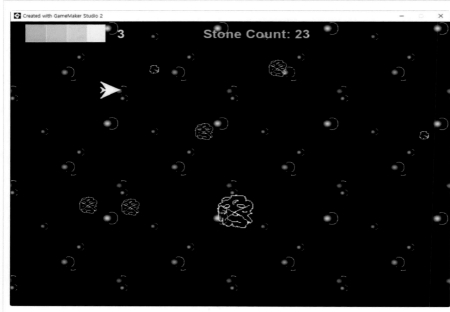

■ 이번 프로젝트는 이미 만들어 놓은 Project 6 프로젝트 파일을 활용하여 이번 예제를 완성할 예정입니다.

■ 이번에는 우주선이 한 번에 폭발하지 않고, 생명이 다 소진되었 때 폭발하도록 합니다.

■ 우주선의 생명과 우주선의 개수도 화면에 같이 표시되도록 하고, 생성된 운석의 개수도 함께 표시되도록 합니다.

■ 우주선이 폭발했을 때는 새로운 우주선 인스턴스가 바로 생성되도록 하며, 우주선이 모두 폭발했을 경우 게임을 종료하도록 합니다.

■ 게임이 종료되면 룸 이동을 통해 화면을 전환하여 게임 종료 화면을 별도로 표시합니다.

프로그램 제작 순서 안내

① 게임 진행 상황 표시하기

② Draw 이벤트에 대해 자세히 알아보기

③ 우주선 운석 충돌시 생명 감소 표시하기

④ 생명이 다한 비행기 제거 및 새 비행기 화면 중앙에 생성하기(스크립트 사용)

⑤ 운석 생성시 운성 생성 개수 표시하기

⑥ 우주선 모두 폭발시 게임 종료 및 화면 전환하기

⑦ 프로그램 실행 및 테스트 하기

■ 게임 진행 상황 표시하기

게임 진행 상황을 관리하기 위해 게임매니저를 만들고, 여기서 게임 전체 상황을 관리할 것입니다.

게임 진행 상황 표시를 위한 변수 선언하기

게임 진행 상황을 저장할 변수를 만들어 줍니다.

① 화면 우측 에셋 브라우저 패널에서 "o_gamemanager"를 선택해줍니다.

② Variable Definitions 를 클릭하여 변수 선언 창을 엽니다.

③ 변수 선언창에서 Add를 클릭하여 변수를 아래와 같이 3개 선언하고 기본

값을 화면과 같이 설정해줍니다.

변수명	값	설명
life_count	0	비행기 개수
player_hp	0	비행기 체력
stone_count	0.2	운석 바퀴 개수

게임 진행 상황 표시하기

① 화면 우측 패널의 스프라이트 폴더 선택 ▶ 마우스 우측 클릭합니다.

② 팝업메뉴에서 Create 메뉴 - Object 를 선택합니다.

o_state_manager 오브젝트의 Draw GUI 이벤트 구현

게임코딩

① 새로 추가한 오브젝트 이름(Name)에 "o_state_manager"로 이름을 입력합니다.

② 해당 오브젝트의 이벤트 목록창에서 ■ Add Event ■를 클릭하여 Draw GUI이벤트를 추가합니다.

① 이벤트 목록에서 Draw GUI이벤트를 더블 클릭하여 코드 입력창에 아래의 코드를 입력합니다.

```
//그리기 폰트를 f_24 폰트로 적용함
draw_set_font(f_24);
//그리기 색깔을 노란색으로 지정함
draw_set_color(c_yellow);
//화면에 내용 표시하기
draw_text(x,y,string(o_gamemanager.life_count));
//그리기 색깔을 오렌지 색으로 변경함.
draw_set_color(c_orange);
//화면에 내용 표시하기
draw_text(x+200,y,"Stone Count: "+ string(o_gamemanager.stone_count));
```

■ Draw 이벤트

Draw이벤트는 게임을 실행할 때 화면에 표시되는 내용을 제어하는 이벤트입니다.

Draw이벤트에서는 게임에 대한 다양한 요구사항을 더 잘 처리하기 위해 내부적으로 여러 개의 개별 이벤트로 세부적으로 분할되어 호출되도록 설계되어 있습니다.

Draw이벤트를 사용하겠다고 선언하는 것은 해당 인스턴스의 그리기를 개발자가 직접 제어하겠다는 의도를 표시하는 것으로 이 이벤트가 추가되면 해당 오브젝트의 스프라이트 이미지를 그리는 코드(draw_self())도 직접 추가해 주어야 합니다. draw_self() 코드가 없으면 해당 오브젝트의 스프라이트 이미지는 화면에 표시되지 않을 수 있습니다.

오브젝트 자체에 변화나 제어가 필요할 경우 Draw이벤트를 사용하는 것이 좋고, 화면상의 글자나 텍스트 위주로 표시하거나 화면의 크기와 상관없이 항상 일정한 크기로 표시하고자 할 때는 Draw GUI이벤트를 사용하는 것이 좋습니다. Draw GUI이벤트에서는 draw_self() 코드가 없어도 오브젝트의 스프라이트 이미지가 표시됩니다.

Draw이벤트는 Draw Begin 이벤트, Draw이벤트, Draw End 이벤트 세가지 유형으로 구분될 수 있습니다. 일반적으로는 Draw이벤트만 사용하는 것이 좋으며, 인스턴스가 존재하는 한 매 프레임마다 항상 호출되는 이벤트입니다. 따라서 게임의 리소스를 많이 차지할 수 있으므로, 기본적으로 그리기 작업 외에 다른 코드는 넣지 않는 것이 좋습니다.

이벤트 종류	수행 내용
Draw Begin	Viewport setup
	clear
	⇩
Draw	Backgrounds
	Instances, tiles
	particles
	Forground
	⇩
Draw End	
	⇩
Draw GUI	

<DRAW 이벤트 실행 순서>

■ 우주선 운석 충돌시 생명 감소 표시하기

우주선 플레이에 필요한 변수 추가

우주선에 필요한 변수를 아래와 같이 2개 추가할 것입니다.

① 화면 우측 에셋 브라우저 패널에서 o_player 오브젝트를 선택합니다.

② **Variable Definitions** 를 클릭하여 변수 선언 창을 열고 위의 두 개 변수를 추가합니다.

변수명	값	설명
is_playing	false	게임 시작할 때 일정 시간 뒤 충돌 감지될 수 있도록 하는 변수
call_alarm_count	6	충돌했을 경우 비행기 반짝거리는 효과를 주기 위해 횟수를 세는 변수

우주선 생명바 제작하기

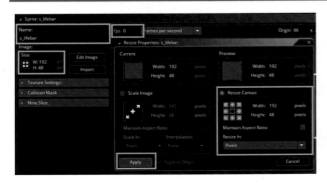

① 화면 우측 패널의 스프라이트 폴더 선택 ▶ 마우스 우측 클릭합니다.

② 팝업메뉴에서 Create 메뉴 선택하고, 스프라이트를 새로 만들어 줍니다.

③ 새 스프라이트 이름은 "s_lifebar"로 만들고,

■ 를 클릭하여 Width: 192px(48 X 4),

Height: 48px로 만들어 줍니다.

④ 자체 애니메이션 효과를 주지 않기 위해 Fps를 0으로 만들어 줍니다.

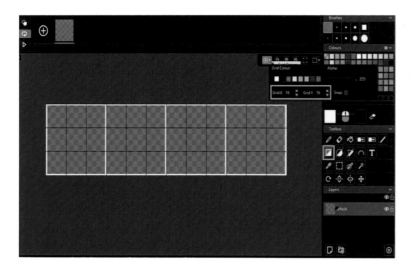

① 생명바를 쉽게 그릴 수 있도록 그리드를 16 X 16으로 설정해줍니다.

② 테두리만 있는 사각형 도구를 사용하여 크기가 같은 빈 사각형 4개를 그립니다.

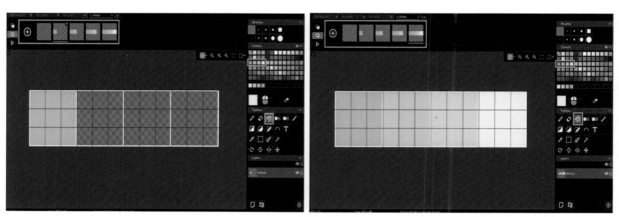

① 사각형 테두리가 있는 프레임 이미지를 복사하여 4개 프레임 이미지를 만듭니다.

② 페인트 통 도구를 사용하여 왼쪽부터 차례대로 색깔을 칠하여 위의 그림처럼 점점 한 칸씩 늘어나도록 색칠합니다.

우주선 생명바 오브젝트 만들기

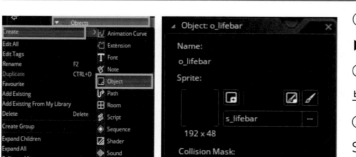

① 화면 우측 패널의 오브젝트 폴더 선택 ▶ 마우스 우측 클릭합니다.

② 팝업메뉴에서 Create 메뉴 선택하고, 오브젝트를 새로 만들어 줍니다.

③ 오브젝트 이름은 "o_lifebar"로 입력하고, Step이벤트를 추가해줍니다.

④ Step 이벤트를 선택하여 코드 입력창을 열어서 생명바의 스프라이트 이미지 인덱스와 o_gamemanager.player_hp 를 연동시켜 줍니다.

o_state_manager 오브젝트의 Draw GUI 이벤트 구현

```
//이미지 인덱스를 비행기 체력과 연동시킴
image_index = o_gamemanager.player_hp;
```

생명이 다한 비행기 제거 및 새 비행기 생성하기

o_player 오브젝트와 o_stone_large 오브젝트의 충돌 이벤트 구현

비행기 생명이 줄어드는 경우는 운석과 충돌했을 경우이므로 충돌 이벤트에서 비행기의 생명이 줄어드는 코드를 입력합니다.
① 세 개의 운석 충돌 이벤트에 동일한 코드를 추가합니다.

```
if(is_playing){                                    //지금 플레이중이라면
        is_playing=false;                          //재충돌 방지를 위해 플레이 멈춤
        o_gamemanager.player_hp--;                    //우주선 생명 1감소
        if(o_gamemanager.player_hp==0){              //우주선 생명이 0이라면
                o_gamemanager.life_count--;            //우주선 개수 줄이기
                audio_play_sound(au_explosion,2,false);    //폭파 사운드
                instance_destroy(self);                  //우주선 제거
        }
        image_alpha=0.5;                    //우주선 알파값 줄이기
        alarm[0] = 5;                       //우주선 깜빡임 효과 호출
        instance_destroy(other);             //충돌한 운석 제거
}
```

우주선 생성 스크립트 생성 및 호출

① 화면 우측 에셋 브라우저 패널에서 스크립터 폴더 선택 후 <kbd>Script</kbd> 생성을 선택해 줍니다.

② 새 스크립트 생성 후 스크립트 이름을 바로 입력하여 만들 수 있는데 접두어 scr_ 을 붙여서 scr_create_player 으로 스크립트를 만들면 됩니다.

scr_create_player 스크립트 정의

```
scr_create_player
scr_create_player.g... ×
1    // Script assets have changed for v2.3.0 see
2    // https://help.yoyogames.com/hc/en-us/articles/360005277377 for more information
3    function scr_create_player(){
4        var inst = instance_create_layer(room_width/2,room_height/2,"Instances",o_player);
5        inst.is_playing=false;
6        inst.image_alpha=0.5;
7        inst.alarm[0] = 5;
8        o_gamemanager.player_hp = 4;
9    }
```

```
// function  함수이름 으로 사용자 정의 함수를 생성함
function scr_create_player()
{
        //화면 중앙, Instances 레이어에 o_player를 생성함.
        var inst= instance_create_layer(room_width/2,room_height/2,"Instances", o_player);
        //생성 후 바로 충돌하는 것을 방지하기 위한 코드
         inst.is_playing=false;
        //생성 후 이미지 투명도 값을 흐리게 만듦
         inst.image_alpha=0.5;
        //알람에서 이미지 투명도 값을 원래대로 만듦
         inst.alarm[0] = 5;
        //새 우주선 생명 초기화
         o_gamemanager.player_hp = 4;
}
```

운석과 우주선 충돌시 우주선 생성 이벤트 코드 구현

① o_player 오브젝트를 선택하여 운석과의 충돌 이벤트를 더블 클릭하여 코드 에디터 창을 엽니다.

② o_gamemanager 에 있는 우주선 개수가 남아있다면 우주선을 생성하는 스크립트를 실행하는 코드를 추가해줍니다.

③ 다른 운석 충돌 이벤트 (o_stone_middle, o_stone_small)에도 위에 추가한 동일한 코드를 추가해 줍니다.

```
if(o_gamemanager.life_count>0){        // 비행선이 남아 있다면
        scr_create_player();            //우주선 새로 생성
}else{
        o_gamemanager.alarm[1]=30;      //게임 종료
}
```

■ 운석 생성시 운석 생성 개수 표시하기

운석 생성시 운석 생성개수 표시하기

① 화면 우측 에셋 브라우저 패널에서 o_gamemanager 오브젝트를 선택합니다.

② 해당 오브젝트의 이벤트 목록창에서 Alarm0 를 선택하여 코드 편집창을 엽니다.

③ 운석 생성시마다 운석 개수를 증가시켜 주는 코드를 입력합니다.

④ 운석 생성개수는 o_state_manager 에서 Draw GUI이벤트를 통해 화면에 게임상황을 표시할 것입니다.

o_state_mamanger오브젝트 DrawGUI 이벤트 구현

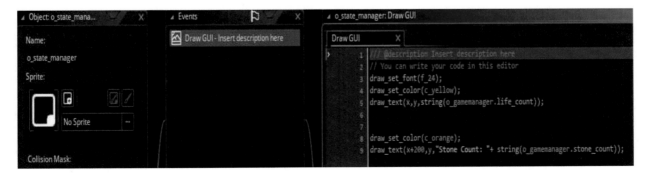

```
//폰트와 색상 지정
draw_set_font(f_24);
draw_set_color(c_yellow);
//비행기 남은 수 표시
draw_text(x,y,string(o_gamemanager.life_count));
//색상 변경
draw_set_color(c_orange);
//운석 개수 표시
draw_text(x+200,y,"Stone Count: "+ string(o_gamemanager.stone_count));
```

■ 우주선 모두 폭발시 게임 종료 및 화면 전환하기

화면 종료 타이틀 스프라이트 만들기

① 화면 오른쪽 게임 에셋 브라우저 패널에서 스프라이트 풀더를 선택하고 새로운 스프라이트를 추가합니다.

② 새 스프라이트 이름은 's_gameover' 로 만들고, 사용할 이미지

('game_over) 리소스(이미지 파일)를 불러옵니다.

화면 종료 타이틀 오브젝트 만들기

① 화면 우측 에셋 브라우저 패널의 오브젝트 풀더를 선택하여 새로운 오브젝트를 추가해줍니다.

② 새로 추가할 오브젝트 이름은 'o_gameover' 로 입력하고, 여기에는 현재 특별한 코드는 입력하지 않습니다. 나중에 게임 종료 화면에서 보여주고 싶은 내용이 있으면 해당 오브젝트에 이벤트 코드를 추가해도 됩니다.

화면 종료 룸 추가하기

① 화면 우측 에셋 브라우저 패널의 Room 폴더에서 게임 종료 룸을 하나를 새로 추가하고 이름을 'rm_end' 로 변경해줍니다.

② 룸 이름 옆의 🔼 버튼을 클릭하여 룸 매니저를 호출하여 룸의 순서를 조정해줍니다. 룸 매니저에서 제일 위에 있는 룸이 게임을 시작할 때 제일 처음 나오는 룸(화면)입니다.

o_gameover 오브젝트 화면 종료 룸에 배치하기

① 화면 오른쪽 에셋 브라우저 패널의 룸 폴더내 rm_end 룸을 더블클릭으로 선택합니다. 룸 편집화면에서 레이어 목록창에서 Instances 레이어를 선택한 다음 o_gameover 오브젝트를 게임 종료 화면 내 적당한 위치에 배치합니다.

우주선 모두 폭발시 게임 종료 및 화면 전환하기

o_player의 o_stone_large과의 충돌 이벤트 추가

게임코딩

① 화면 우측 패널의 에셋 브라우저 패널에서 o_player 오브젝트를 선택합니다.

② 우주선과 o_stone_large 운석과의 충돌 이벤트에 o_gamemanager오브젝트의 우주선 개수를 체크하여 우주선 개수가 0개이면 o_gamemanager의 alarm[1]을 호출하는 코드를 추가합니다. 추가한 코드는 게임 종료후 바로 화면전환하기 보다는 부드러운 전환을 위해 alarm[1]에서 게임 종료화면으로 이동하게 합니다.

③ o_stone_middle 충돌 이벤트, o_stone_small 충돌 이벤트에도 동일한 코드를 복사하여 입력합니다.

```
//게임 종료시 30프레임 재생 시간만큼 흐른 후 alarm 1 이벤트 호출
o_gamemanager.alarm[1] = 30;
```

o_gamemanager의 Alarm 1 이벤트 추가

① o_gamemanager 오브젝트의 이벤트 목록창에서 Add Event를 클릭하여 Alarm 1 이벤트를 새로 추가합니다.

① o_gamemanager 오브젝트의 Alarm 1 이벤트 코드 입력창에서 게임 종료 룸으로 이동하는 코드를 추가합니다.

```
//게임 종료 룸으로 이동함.
room_goto(rm_end);
```

■ 실행 및 수정하기

실행 및 수정하기

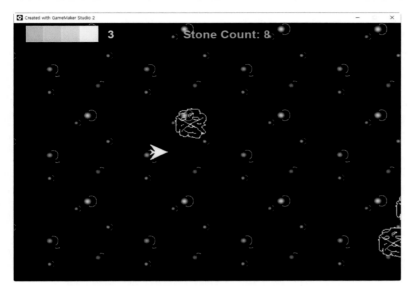

① 게임메이커 스튜디오 상단의 빠른 메뉴에서 ▷ 재생 버튼을 클릭하면 제작한 게임을 컴파일하여 결과를 별도의 실행창에서 보여줍니다. 키보드를 이용하여 우주선을 움직여보고 의도한 대로 움직이는 지 확인합니다. 생명바와 텍스트가 화면에 제대로 표시되는 지 확인합니다.

② 오류가 있을 경우에는 하단의 output창에 오류사항이 자세하게 표시됩니다. 해당 오류 수정후 재생버튼을 클릭하여 다시 컴파일하면 실행 결과를 볼 수 있습니다.

메모하기

게임코딩

| 8 | 룰렛 게임 |

※ 예제 파일명: Project 8

| 무엇을
배울까요? | ■버튼을 제작하고 이벤트 처리를 할 수 있게 됩니다.
#버튼 생성, #버튼 이벤트 처리, #스크립트 생성, #게임 화면 크기 조절 |

■ 제작된 모습 미리보기 및 제작 순서 안내

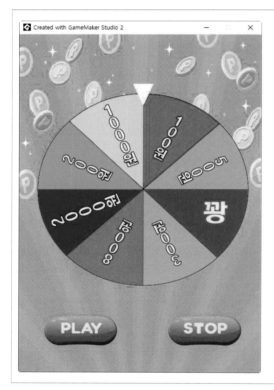

■ 이번에는 룰렛 게임으로 버튼을 사용하여 룰렛을 돌리고, 버튼을 사용하여 룰렛을 중지하는 게임입니다.

■ 룰렛 판의 회전은 시작할 때 조금씩 속력이 빨라지다가 최고 속도에 이르면 계속 일정한 속도로 회전을 합니다. 룰렛 회전이 멈출 때에는 조금씩 속력이 늦어지다가 나중에는 완전히 멈춥니다.

■ 게임메이커 스튜디오에서는 버튼 오브젝트를 별도로 제공하고 있지 않기 때문에 버튼 오브젝트도 일반 오브젝트처럼 만들고 버튼의 경우 마우스를 오브젝트 위에 올릴 경우(Rollover) 효과를 별도로 주어서 사용자에게 버튼처럼 인식되도록 만듭니다.

프로그램 제작 순서 안내

① 룰렛 회전판/룰렛 핀 스프라이트 및 오브젝트 만들기
② 회전 시작과 종료 버튼 만들기
③ 룸 배경화면과 배경음악 넣기
④ 룰렛 움직임 처리하기
⑤ 룰렛 시작과 종료 버튼 이벤트 처리하기
⑥ 룸(화면)에 인스턴스를 생성하여 배치하기
⑦ 프로그램 실행 및 테스트 하기

- 168 -

■ 룰렛 회전판 스프라이트 및 오브젝트 만들기

룰렛 회전판 스프라이트 만들기

 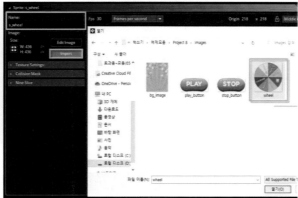

① 화면 우측의 에셋 브라우저 패널의 스프라이트 폴더를 선택하여 마우스 우측 클릭 하여 Create - Sprite 메뉴를 선택하여 새 스프라이트를 만듭니다.

② 새로 추가한 스프라이트 이름은 's_wheel'라고 입력하고, ▨ Import ▨를 클릭하여 wheel 이미지를 선택합니다.

룰렛 회전판 오브젝트 만들기

① 화면 우측의 에셋 브라우저 패널의 오브젝트 폴더를 선택하여 Create - Object 메뉴를 선택하여 새 오브젝트를 만들어줍니다.

② 새로 추가하는 오브젝트 이름은 'o_wheel'으로 입력하고, 사용할 스프라이트는 's_wheel'을 선택합니다.

룰렛 핀 스프라이트 만들기

① 화면 우측 에셋 브라우저 패널의 스프라이트 폴더 선택 ▶ 마우스 우측 클릭합니다.

② 팝업메뉴에서 Create 메뉴 선택하고, ▨ Sprite ▨를 선택합니다.

③ 스프라이트 에디터에서 ▣를 클릭하여 48 X 48픽셀 사이즈로 설정해줍니다.

④ 스프라이트 이름은 "s_neddle"로 입력합니다.

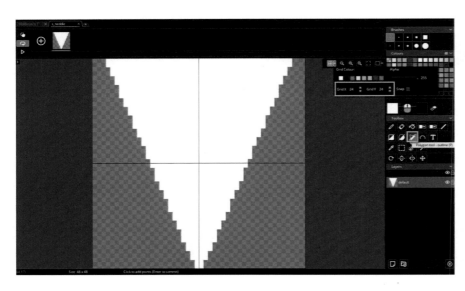

① 스프라이트 에디터에서 Edit Image 를 클릭하여 이미지 에디터를 엽니다.

② 그림을 그릴 때 정교하게 그리기 위해 그리드 설정을 24 X 24로 해줍니다.

③ 그리기 툴 박스에서 삼각형 도구를 이용하여 위의 삼각형 모양을 그려보세요.

룰렛 핀 오브젝트 만들기

① 화면 오른쪽 에셋 브라우저 패널의 오브젝트 폴더에서 마우스 오른쪽 클릭하여 팝업창을 엽니다.

② 팝업 메뉴에서 Create - Object를 선택

하여 새로운 오브젝트를 생성하여 오브젝트 이름을 "o_wheel"로 설정하고, 스프라이트 선택 버튼을 클릭하여 's_wheel' 스프라이트로 선택합니다.

■ 회전 시작과 종료 버튼 만들기

회전 시작 버튼 스프라이트 만들기

① 화면 우측 에셋 브라우저 패널의 스프라이트 폴더 선택 ▶ 마우스 우측 클릭합니다.

② 팝업메뉴에서 Create 메뉴 선택하고, Sprite 를 선택합니다.

③ 새 스프라이트 이름은 's_btn_play' 라고 지어 주고, Import 를 클릭하여 play_button 이미지 리소스를 선택합니다.

④ 스프라이트 애니메이션 속도인 Fps를 0으로 입력합니다.

① 스프라이트 에디터에서 █Edit Image█ 를 클릭하여 이미지 에디터를 엽니다.

② 이미지 에티터 상단의 현재 프레임 이미지를 선택한 다음 복사하여 추가로 두 개의 프레임 이미지를 만들어 줍니다.

③ 추가한 두 개의 프레임 이미지를 페인트 통을 이용하여 글자 색 부분을 다른색으로 변경합니다. 연습을 위해 다른 효과를 추가적으로 주셔도 됩니다.

회전 종료 버튼 스프라이트 만들기

① 화면 우측 에셋 브라우저 패널의 스프라이트 폴더 선택 ▶ 마우스 우측 클릭합니다.

② 팝업메뉴에서 Create 메뉴 선택하고, █ Sprite█ 를 선택합니다.

③ 새 스프라이트 이름은 's_btn_step'라고 지어 주고, █Import█ 를 클릭하여 stop_button 이미지 리소스를 선택합니다.

④ 자체 스프라이트 애니메이션이 진행되지 않도록 스프라이트 애니메이션 속도인 Fps를 0으로 입력합니다.

① 스프라이트 에디터에서 **Edit Image** 를 클릭하여 이미지 에디터를 엽니다.

② 이미지 에티터 상단의 현재 프레임 이미지를 선택한 다음 복사하여 추가로 두 개의 프레임 이미지를 만들어 줍니다.

③ 추가한 두 개의 프레임 이미지를 페인트통을 이용하여 글자 색 부분을 다른 색으로 변경합니다. 연습을 위해 다른 효과를 추가적으로 주셔도 됩니다.

회전 시작/종료 오브젝트 만들기

① 화면 오른쪽 에셋 브라우저 패널의 오브젝트 폴더에서 마우스 오른쪽 클릭하여 팝업창을 엽니다.

② 팝업 메뉴에서 Create - Object를 선택하여 새로운 오브젝트를 생성하여 오브젝트 이름을 "o_btn_play"로 설정하고, 스프라이트 선택 버튼을 클릭하여 's_btn_play' 스프라이트로 선택합니다.

① 화면 오른쪽 에셋 브라우저 패널의 오브젝트 폴더에서 마우스 오른쪽 클릭하여 팝업창을 엽니다.

② 팝업 메뉴에서 Create - Object를 선택하여 새로운 오브젝트를 생성하여 오브젝트 이름을 "o_btn_stop"로 설정하고, 스프라이트 선택 버튼을 클릭하여 's_btn_stop 스프라이트로 선택합니다.

■ 룸 배경화면과 배경음악 삽입하기

룸 배경 스프라이트 만들기

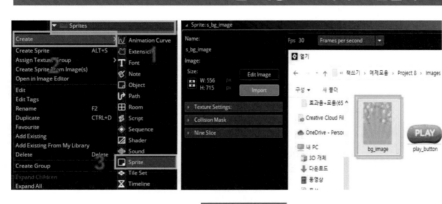

① 화면 우측 에셋 브라우저 패널의 스프라이트 폴더 선택 ▶ 마우스 우측 클릭합니다.
② 팝업창에서 Create 메뉴 선택하고, ▣ Sprite 를 선택합니다.
③ 스프라이트 이름은 's_bg_image'라고 지어 주고, Import 를 클릭하여 bg_image 이미지 리소스를 선택합니다.

룸 배경화면 만들기

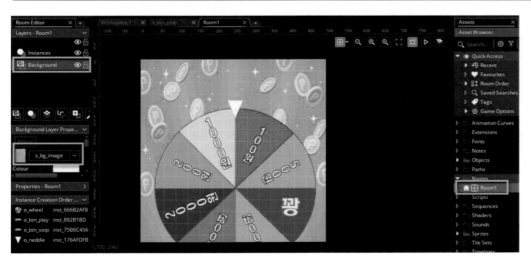

① 화면 오른쪽 에셋 브라우저 패널의 룸 폴더에서 룸(Room1)을 선택하여 룸 에디터를 엽니다.
② 화면 왼쪽의 룸 에디터 패널의 레이어 창에서 Background 레이어를 선택합니다.
③ 백그라운드 레이어 속성창에서 배경 스프라이트로 's_bg_image' 스프라이트를 선택합니다.

게임코딩

룸 배경음악 만들기

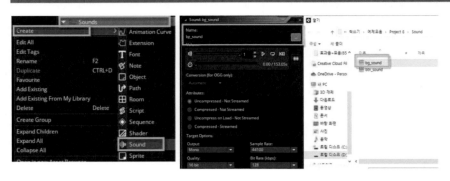

① 배경음악을 만들기 위해 화면 우측의 에셋 브라우저 패널의 사운드 폴더를 선택하여 새 사운드를 만들어줍니다.

② 새 사운드 이름은 "au_bg_sound"로 입력하고,

사운드 선택 버튼을 클릭하여 Sound폴더에서 bg_sound를 선택합니다

룸 배경음악 삽입하기

배경음악을 재생할 수 있는 방법은 여러 가지 방법들이 있습니다. 이전 프로젝트에서는 게임매니저의 Create이벤트에서 배경음악을 재생하는 방법을 주로 사용했습니다.

이번 예제에서는 룸 자체로 가지고 있는 스크립트 기능을 이용하여 배경음악을 재생해보도록 하겠습니다.

룸 스크립트가 실행되는 순서는 룸 시작 이벤트 전에 실행됩니다.

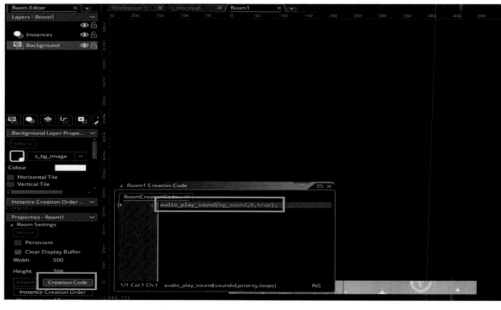

① 화면 왼쪽의 룸 에디터 제일 아래쪽 룸 속상창에서 Creation Code 클 클릭하여 코드 입력창을 엽니다.

② Create Code는 룸(Room1)이 생성될 때 실행할 코드를 입력할 수 있는 곳으로 룸 생성과 동시에 배

경음악이 재생될 수 있도록 합니다.

③ 룸 Creation Code에서 작성한 코드의 실행 순서는 아래쪽 이벤트 실행 순서를 참고하여 해당 순서에 실행되어도 될만한 적절한 코드를 입력해 주면 됩니다.

```
//게임 배경음악 재생
audio_play_sound(bg_sound, 4, true);
```

■ 이벤트 실행 순서

게임메이커 스튜디오에서 이벤트의 실행 순서는 각 단계에서 발생하는 모든 이벤트가 다음의 순서대로 발생합니다.

이벤트 실행 순서는 게임을 설계하고 개발할 때 알아야할 중요한 부분이므로 게임 개발자는 이것을 기억하고 있으면 게임 로직을 작성할 때 도움이 됩니다.

게임메이커 스튜디오 제작사에서 설명하는 것을 참고로 실행되는 이벤트 순서를 설명드리겠습니다. 게임 시작시 발생하는 이벤트 순서는 룸 이벤트가 가장 먼저 일어나고, 다음으로 룸 내에 있는 인스턴스 이벤트가 발생하는 순서입니다. 자세한 내용은 아래쪽 표를 참고하시면 됩니다.

이벤트 종류	수행 내용
객체 변수 초기화	변수를 가지고 있는 오브젝트가 있는 경우 다른 오브젝트보다 먼저 생성된 다음 변수가 부착된 모든 인스턴스가 정의되어 룸 편집기에서 객체별 변수로 객체 변수를 덮어 쓸 수 있습니다.

⇩

게임 시작 이벤트	룸 편집기에서 룸에 배치된 모든 인스턴스에 대해 게임의 첫 번째 룸에서 한 번 호출됩니다. game_restart()를 호출하면 이 이벤트가 다시 호출됩니다

⇩

룸 생성 코드	룸에 처음 입장할 때 룸 편집기에서 작성된 코드입니다.

⇩

모든 인스턴스 이벤트	룸에 생성된 인스턴스가 가지고 있는 이벤트입니다. 인스턴스의 이벤트 순서는 아래에 따르고, 동일한 이벤트의 경우 순서는 룸에 등록된 순서대로 실행됩니다.

<Room 이벤트 실행 순서>

이벤트 종류	수행 내용
Create Event	인스턴스 생성시 발생하는 이벤트입니다.

⇩

Destroy Event	인스턴스 제거시 발생하는 이벤트입니다.

⇩

Alarm Events	인스턴스내 Alarm 호출시 발생하는 이벤트입니다.

⇩

<인스턴스 이벤트 실행 순서>

이벤트 종류	수행 내용
Step Events	룸 프레임이 실행될 때마다 인스턴스에서 반복해서 실행되는 이벤트입니다.
⇩	
Collision Event	인스턴스가 다른 인스턴스와 충돌시 발생하는 이벤트입니다.
⇩	
Keyboard Events	인스턴스에서 감지하는 키보드 이벤트입니다.
⇩	
Mouse Event	인스턴스에서 감지하는 마우스 이벤트입니다.
⇩	
Other Events	기타 이벤트입니다. (룸 관련, 게임 관련, 경로 관련, 사용자 이벤트 관련 등)
⇩	
Draw Events	그리기 이벤트는 아래와 같이 세부적인 실행 순서를 따릅니다.

<인스턴스 이벤트 실행 순서>

이벤트 종류	수행 내용
Pre Draw Event	그리기 전에 실행되는 이벤트입니다.
⇩	
Draw Begin Event	그리기 시작시 실행되는 이벤트입니다.
⇩	
Draw Event	그리는 중에 발생되는 이벤트입니다.
⇩	
Draw End Event	그리기 종료시 발생되는 이벤트입니다.
⇩	
Post Draw Event	그리기 종료후 발생되는 이벤트입니다.
⇩	
Draw GUI Begin Event	UI관련 그리기 시작 이벤트입니다.
⇩	
Draw GUI Event	UI관련 그리기 이벤트입니다.
⇩	
Draw GUI End Event	UI관련 그리기 종료 이벤트입니다.

<Draw 이벤트 실행 순서>

■ 룰렛 움직임 처리하기

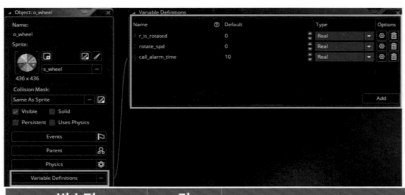

① 화면 오른쪽 에셋 브러우저 패널에서 o_wheel 룰렛 오브젝트를 선택합니다.
② **Variable Definitions** ...를 클릭하여 룰렛 오브젝트 움직임에 필요한 변수를 선언합니다.

변수명	값	설명
r_is_rotated	0	룰렛이 회전하고 있는지 여부
rotate_spd	0	룰렛 회전 속도
call_alarm_time	10	룰렛 회전 처리를 위한 알람 호출 시간 체크

룰렛 회전 이벤트 구현

① 룰렛 움직임 구현을 위해 위의 그림과 같이 3개의 이벤트를 추가합니다.
② 룰렛의 실제 회전 효과를 구현하기 위해 Step이벤트를 추가합니다.
③ 룰렛이 시작되면 점점 빠르게 회전하기 위해 Alarm0 이벤트를 를 추가하고, 룰렛이 종료되면 천천히 멈추게 하기 위해 Alarm1 이벤트를 추가합니다.

o_wheel 오브젝트의 Step 이벤트 구현

룰렛의 실제 회전 효과를 구현하기 위해 Step이벤트를 추가합니다.

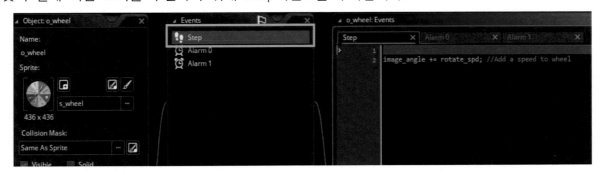

```
// 룰렛이 rotate_spd 만큼 실제 회전함
image_angle += rotate_spd;
```

o_wheel 오브젝트의 Alarm 0 이벤트 구현

룰렛 회전이 시작되면 룰렛 회전의 속도를 조금씩 높이기 위해 Alarm0에 아래의 코드를 입력합니다.

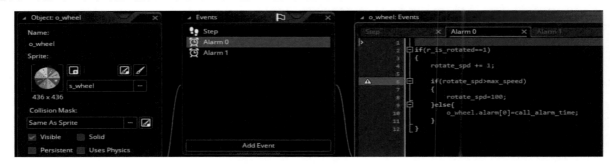

```
//룰렛이 회전하고 있다면
if(r_is_rotated==1)
{
    //회전 속도를 점점 높여줌
    rotate_spd += 1;
    //회전 속도가 최대속도를 넘지 않도록 함
    if(rotate_spd>max_speed)
    {
        rotate_spd=100;
    }
    else
    {
    //회전 속도가 최대 속도가 아니라면 call_alarm_time후 속도를 점점 높임.
        o_wheel.alarm[0]=call_alarm_time;
    }
}
```

o_wheel 오브젝트의 Alarm 1 이벤트 구현

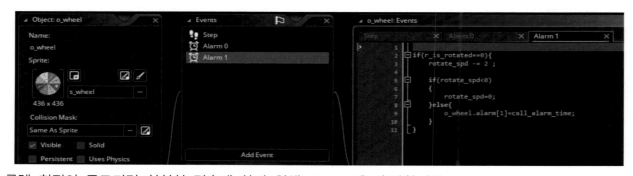

룰렛 회전이 종료되면 천천히 멈추게 하기 위해 Alarm1을 추가합니다.

```
if(r_is_rotated==0){                        //룰렛 회전이 종료되었다면
     rotate_spd -= 2 ;                       //속력을 빠르게 감속
     if(rotate_spd<0){                        //회전속도가 음수라면 0으로 처리함
            rotate_spd=0;
     }else{
            //속도가 감속하는 만큼 회전하도록 설정
            o_wheel.alarm[1]=call_alarm_time;
     }
}
```

■ 룰렛 시작과 종료 버튼 이벤트 처리하기

룰렛 시작 이벤트 처리하기

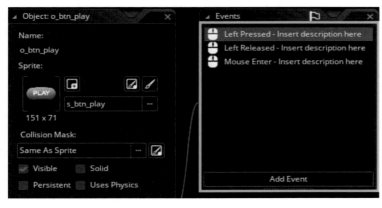

① 화면 오른쪽 에셋 브라우저의 오브젝트 폴더내o_btn_play오브젝트를 선택합니다.

② 해당 오브젝트의 이벤트 목록창에서 Add Event를 클릭하여 3개의 이벤트 - 버튼을 클릭했을 때(Left Pressed), 버튼을 클릭하고 난 후(Left Released), 마우스가 해당 오브젝트

위에 왔을 때(Mouse Enter) - 를 추가합니다.

o_btn_play 오브젝트의 Left Pressed 이벤트 구현

① 버튼이 눌러졌을 때(Left Pressed) 버튼의 스프라이트내 프레임 이미지 인덱스를 3번째 프레임 이미지로 이동시켜 줍니다.

```
//버튼을 클릭했을 때 버튼 스프라이트 프레임 이미지 인덱스 변경함
image_index=2;
```

o_btn_play 오브젝트의 Left Released 이벤트 구현

① 버튼을 클릭하고 난 후(Left Released) 버튼의 스프라이트 이미지 인덱스를 0번째 이미지로 이동시켜 줍니다.

```
//버튼 클릭을 해제했을 때 버튼 스프라이트 프레임 이미지 인덱스를 변경함
image_index=0;

//현재 룰렛이 멈춰있다면 회전 시작 설정함.
if(o_wheel.r_is_rotated==0)
{
    o_wheel.r_is_rotated = 1;
    o_wheel.rotate_spd = o_wheel.min_speed;
    o_wheel.alarm[0]=o_wheel.call_alarm_time;
}
```

o_btn_play 오브젝트의 Left Released 이벤트 구현

① 마우스가 해당 오브젝트 위에 왔을 때(Mouse Enter) 버튼의 스프라이트 이미지 인덱스를 2번째 이미지로 이동시켜 줍니다.

```
//버튼을 클릭했을 때 버튼 스프라이트 프레임 이미지 인덱스 변경함
image_index=1;
```

룰렛 종료 이벤트 처리하기

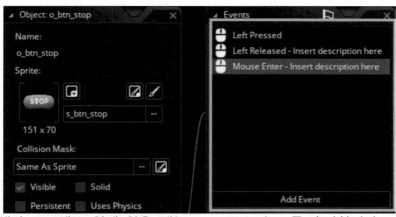

① 화면 오른쪽 에셋 브라우저의 오브젝트 폴더내o_btn_step오브젝트를 선택합니다.

② 해당 오브젝트의 이벤트 목록창에서 Add Event를 클릭하여 3개의 이벤트 - 버튼을 클릭했을 때 (Left Pressed), 버튼을 클릭하고 난 후(Left Released), 마우스가 해당 오브젝트 위에 왔을 때(Mouse Enter) - 를 추가합니다.

o_btn_stop 오브젝트의 Left Pressed 이벤트 구현

① 버튼이 눌러졌을 때(Left Pressed) 버튼의 스프라이트 이미지 인덱스를 3번째 이미지로 이동시켜 줍니다.

```
//버튼을 클릭했을 때 버튼 스프라이트 프레임 이미지 인덱스 변경함
image_index=2;
```

o_btn_stop 오브젝트의 Left Pressed 이벤트 구현

① 버튼을 클릭하고 난 후(Left Released) 버튼의 스프라이트 이미지 인덱스를 0번째 이미지로 이동시켜 줍니다.

```
//버튼을 클릭했을 때 버튼 스프라이트 프레임 이미지 인덱스 변경함
image_index=0;
if(o_wheel.r_is_rotated==1){          //룰렛이 회전중이라면
        o_wheel.r_is_rotated=0;               //룰렛 회전 중지
        o_wheel.alarm[1]=o_wheel.call_alarm_time;          //룰렛 회전 속도 감속 처리
}
```

o_btn_stop 오브젝트의 Mouse Enter 이벤트 구현

① 마우스가 해당 오브젝트 위에 왔을 때(Mouse Enter) 버튼의 스프라이트 이미지 인덱스를 2번째 이미지로 이동시켜 줍니다.

```
//버튼을 클릭했을 때 버튼 스프라이트 프레임 이미지 인덱스 변경함
image_index=1;
```

■ 룸(화면)에 인스턴스를 생성하여 배치하기

룸(화면)에 오브젝트(인스턴스) 배치하기

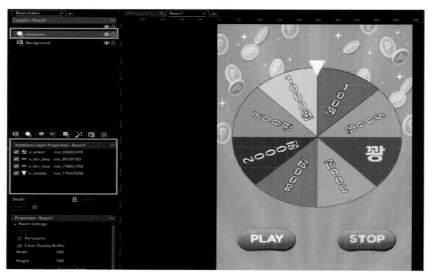

① 에셋 브라우저 패널에서 룸을 선택(더블 클릭)하여 작업창에 룸이 표시 되도록 합니다.
② 좌측 레이어 목록 패널에서 "Instances" 레이어를 선택합니다.
③ 우측 에셋 브라우저 패널의 오브젝트(o_wheel   ,
o_btn_play,   o_btn_stop,
o_neddle)를 선택하여 룸(화면)에서 적당한 곳에 배치하여 줍

니다. o_neddle 오브젝트는 룰렛 회전판의 위쪽에 위치 해야 하며, 중앙에 올 수 있도록 배치합니

{}

다.

④ 룸에 배치된 인스턴스들은 화면 왼쪽 룸 에디터 패널의 왼쪽 인스턴스 레이어 속성창에 보입니다. 아래쪽에 있을수록 뒤에 배치된 오브젝트이며 순서상 위쪽에 보이게 됩니다.

■ 실행 및 수정하기

실행 및 수정하기

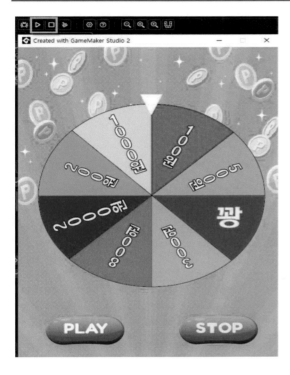

① 게임메이커 스튜디오 상단의 빠른 메뉴에서 ▷ 재생 버튼을 클릭하면 제작한 게임을 컴파일하여 결과를 별도의 실행창에서 보여줍니다.

② 시작버튼으로 룰렛을 회전시켜 보고 의도한 대로 움직이는 지 확인합니다. 시작버튼으로 룰렛이 제대로 회전하는지, 종료버튼으로 룰렛이 제대로 멈추는지 확인합니다.

③ 오류가 있을 경우에는 하단의 output창에 오류사항이 자세하게 표시됩니다. 해당 오류 수정후 재생버튼을 클릭하여 다시 컴파일하면 실행 결과를 볼 수 있습니다.

메모하기